オリンピック選手直伝！

競技で結果を出す食事術

ソフトボール競技五輪メダリスト

髙山樹里／著

京都光華女子大学 講師

河嶋伸久／監修

はじめに

この本は、私が3回経験したオリンピックのうち、2回目の2000年を境にスポーツと食の関係性が大きく変わったように思うと編集者さんにお伝えしたことがきっかけで生まれました。私がソフトボール競技でオリンピックに出場したのは、1996年（アトランタ）、2000年（シドニー）、2004年（アテネ）。ミレニアムを挟む3大会を経験して感じたのは、「スポーツにおける食の重要性への認識の変化」でした。

競技で結果を出すために、食はどう位置付けられているのか。その意識は、いつ、どのように変わったのか。戦後すぐ、飛行機を乗り継ぎヘルシンキ大会に出かけて行った頃と今とでは、どのように意識が変わったのか。どうしてもそのことが知りたくなり、様々な世代、様々な競技のオリンピアンにお話を伺うことにしました。

私自身、競技を始めた頃は、目の前の練習にバタバタと追われ欠食、偏食が多く、食への意識が決して高いとは言えない生活でした。

そんな私が1食1食を大切にするようになったのは、強化選手に選ばれ、結果を出すことをより意識し始めたことがきっかけでした。幸い、小さな頃から祖母や母がだしをとった手料理をまめに作ってくれていたおかげで、寮を出て自炊生活が始まってからは、「家では、こんな風に作ってたっけ」と記憶を辿りながら、比較的スムーズに食生活を改善していくことができました。今は競技生活から退き、後進の育成に力を注ぐ日々ですが、現役時代のことを忘れずに、引き続き食を大切にした生活を送っています。

本書では、競技の特性にあった栄養素の摂り方など、実践的なことを語っていきます。

一方で、未来のトップアスリートに向けて、食に関して声を大にして言いたいことは、「とにかく食を楽しんで欲しい」ということ。

私自身、便利に楽しく料理ができるキッチンアイテムを見つけたり、夫のお弁当作りをしたりと、日々キッチンにいる自分を楽しんでいます。オリンピアンに教わったレシピ通りに料理をするページの撮影も、そんなわけで大いに楽しみました。巻末のレシピはどれも結果が出るだけじゃなく、味の方も私が保証します！

キッチンと、食卓と、トレーニング場と、競技場。全てが地続きで一直線に繋がっている。そんなイメージを持ちながら、この本を書きました。この本が、みなさんの競技生活を少しでも豊かにすることができますように、と願いながら。

２０２１年初夏　髙山　樹里

1章 まずは身体の機能の役割を知る……7

2章 それぞれの栄養素の役割を知る……23

3章 競技特性と食事について……40

4章 世代や個性による食事術……52

5章 オリンピアンの食事術

8名のオリンピック経験者に聞きました。……72

6章 オリンピック選手直伝！目的別、機能アップする食べ物とその食べ方……97

1章

まずは身体の機能の役割を知る

私たちは、生きるために毎日食事をしています。
健康維持のために、
食事をどう摂るかを考えるのは大切なこと。
アスリートならなおさらです。

試合で勝つためにはどうしたらいい？

パフォーマンスを高める！

パフォーマンスを高めるためには
どうしたらいい？

心を整える。
技術を整える。
身体を整える。

それら3つをうまく司るにはどうしたらいい？

食行動を整える！

　そう。食はあらゆることの基本です。基本的すぎてないがしろにしがちですが、その日その日の食行動を見直し、積み重ねることで、心が変わる、技術が変わる、身体が変わっていくんです。

　私自身アスリートとして試合に臨み、食行動とパフォーマンスの結びつきについて現場で実感してきたことがあります。大学、それから強化選手の合宿中には栄養学について学んできましたが、最新の栄養学について詳しい方にいろいろお話をお聞きしたいと思い、ある日京都にある京都光華女子大学を訪問し、河嶋先生の研究室にお邪魔しました。以来、メールなどで色々とやりとりをさせていただき、河嶋先生の専門的見地からアドバイスをいただきながら以下の項目についてまとめました。

食行動の基本の き

3食のごはんの重要性と役割

朝ごはん これから始まる1日に向けて、スイッチをオン！

寝ている間に汗や呼吸によって体外に出ていった水分を補う、活動を始めるためのエネルギーを補給するのが主な役割。アスリートは一般人よりも、栄養素が多く必要になるため、1食1食しっかり食べることがさらに重要。

朝ごはん抜きはもったいないです

ではどうして朝ごはんが食べられないのか？　原因を分析してすぐに対処しましょう。

●考えられる理由

●夕練などで家に帰るのが遅くて、夕食を食べる時間が遅いため、朝は胃もたれしてしまう。

《《《

―夕練習後に補食をとり、夕食時にドカ食いするのを防いでみる。脂肪分の多いおかずや揚げ物は控えてみる。

●寝起きが悪く、食べる時間がなかなかとれない。

《《《

―夜は、携帯電話やテレビを見る時間を少なくし、早めに寝てとにかく睡眠時間を多く確保する。

●朝練があるのでしっかり食事をとる時間がない。

《《《

―朝練の後に補食をとる。

昼ごはん 午後の活動のエネルギー源を取り込む!

午後からの本練習に備えて、肝臓や筋肉の中のエネルギー源（筋グリコーゲン）をチャージするために、糖質の多いもの（ごはん、パン、麺）をしっかり食べる。糖質だけでなく、筋肉の回復を促すたんぱく質を多く含むおかず、ビタミン・ミネラルを多く含む野菜もしっかり摂りましょう。なかなか昼食だけでは補えない場合は、トレーニング前後の補食として、牛乳、チーズ、果物、果汁100％ジュースなどを取り入れるのも手です。

夜ごはん トレーニングで疲れた体を癒し、回復させる!

次の日のトレーニングに備え、糖質の多い主食（ごはん、パン）、たんぱく質の多い肉や魚、卵を食べましょう。貧血、ケガの予防のために、大豆製品や野菜、海藻を使ったおかず、果物や乳製品も加えるといいでしょう。「あとは寝るだけだから」と主食を抜く人がいますが、主食の量を減らしたり食べなかったりすると満腹感が得られず、主菜やデザートを多く摂り過ぎてしまいます。その結果として、一日で摂るエネルギー量が増え、体重コントロールが難しくなってしまうので、主食も含めたバランスの良い食事を心がけましょう。

補食

午後の活動のエネルギー源を取り込む！

朝昼晩のごはんでは補えないエネルギーや栄養素をとる、トレーニングの効果を高める、身体をつくる、などの目的で食べます。あくまでもそれらを補うために摂るのであって、

おやつとは別なので注意しましょう。

まずは、大枠でそれぞれの食事の目的をお伝えしましたが、あなたがどの競技のアスリートかによって、さらに注意すべきことが違ってきます。

例えば私は、ソフトボールをやっていましたが、ボール競技は、持久力と瞬発力、どちらも必要な競技なので、自分で作る時は、スタミナをアップするために効果的な栄養素を含む食品と、スピードをアップするために効果的な栄養素を含む食品、両方を意識しながら献立を考えていました。

筋力と瞬発力がものをいう競技、長時間動けるスタミナがものをいう競技。一口にスポーツといっても、それぞれ特徴があり、パフォーマンスを上げるための食事方法は異なります。競技の特徴別の食事方法については、追って詳しくお話していきます。

「その日食べるものが明日の身体を作る」を実感する。

私たちの身体は、約37兆ある細胞からできています。細胞の生まれ変わりは成長のチャンス。皮膚は約1ヶ月、骨は約3ヶ月と、そのサイクルは部位によって違いますが、身体を構成している細胞のうち、約1％は毎日どこかが入れ替わっていると想像してみてください。どんな身体が作られるかは、毎日毎日どんな運動をして、どんな栄養を身体の中に取り入れるかで変わっていると思えば、1食1食何を食べるかに意識を向けることができるのではないでしょうか？

表を見てみると、関節・軟骨は入れ替わるのが格段に遅いですよね。手術を選択する選手がいるのはそのためです。

身体を家に例えて考えてみると、骨は柱で、筋肉は壁や屋根、血液は水道、神経は電気配線みたいなものと言えるでしょう。それぞれが正常にその役割を果たすことで、暮らしやすい家ができるのと同じで、体内のこうした機能がうまく作動することで、身体をうまく動かすことができるのです。

●壊れた組織が
改善されるまでの日数

筋肉 》》 約2ヶ月

小腸の粘膜 》》 約2日

骨 》》 約3ヶ月

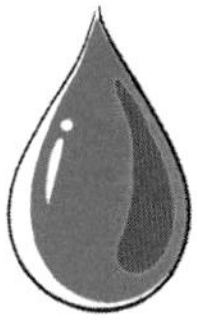

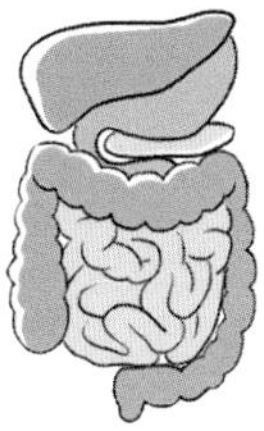

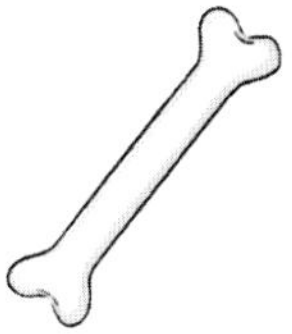

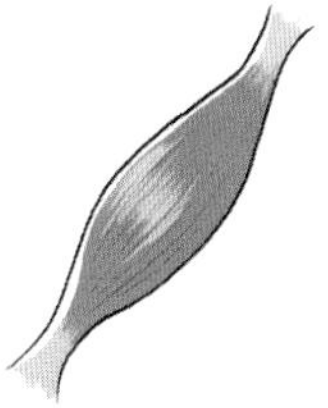

胃 》》 約5日

血液 》》 約5ヶ月

皮膚 》》 約1ヶ月

関節・軟骨 》》 117年

ではここで、一つ一つの組織の役割を見ていきましょう。

骨 Bone

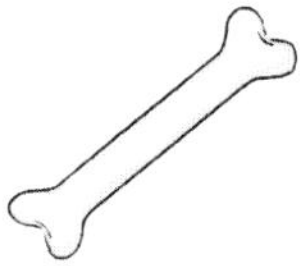

骨は身体を支える役割があります。実は赤ちゃんの時300個以上ある骨は、成長するにつれてくっつき、大人になると206個に減ります。成長期の10代は、骨の長さが変わる時期。きしきし痛むこともありますが、そうやって身体が大きくなっていくのです。

骨には他に、

- 内臓を守る。
- カルシウムなどのミネラルを貯めておく。
- 血液の成分を作る。

などの役割があります。

強くていい骨を作るには、骨の主な成分であるカルシウムの他に、コラーゲンの生成を助けるビタミンC、腸でのカルシウムの吸収を促すビタミンD、骨の働きを促すビタミンKなどのチームワークが必要。

一見、何の変化もないように思える骨ですが、新陳代謝を繰り返し、先ほどの図のように約3ヶ月で生まれ変わっているのです。

筋肉
Muscle

身体の中には、関節をまたいで骨と骨をつなぐ筋肉があります。筋肉は、筋線維という細長い線維の束が集まり、ゴムひもみたいに縮んだり伸びたりしながら身体を動かしています。
筋肉には、骨格筋、心筋、平滑筋の3種類があります。運動している時に活躍するのは骨格筋。心臓を動かすのが心筋。心臓以外の内臓、血管にある筋肉が平滑筋です。
そして骨格筋を動かすのに欠かせないのが、腱という太い線維。
筋肉はこの他にも、

●身体を支える。

●内臓や骨を守る。

●熱を作る。

●エネルギーを貯める。

●血液の循環を助ける。

などの役割があります。

筋肉の大きさは、筋線維の太さで変わります。運動をすることで、筋線維に傷がついたり切れたりするのですが、次に同じような運動をした時に傷がついたり切れたりしないように、たんぱく質などで修復することで、筋肉が強くなります。筋線維の数はお母さんのお腹の中にいる時にすでに決まっているのですが、運動をして線維を切りながら少しずつ丈夫に作り直すことで、筋線維が太くなるのです。

この身体のしくみを「超回復」といいます。

筋肉を作ると言うと、たんぱく質をとればいいと思われがちですが、超回復がしっかり行われるためにはそれだけでは足りません。筋肉作りを助けるビタミンとミネラルを意識して摂る。休養をしっかりとる。これらが足りていなければ、超回復が行われないだけでなく、疲れが溜まったり、怪我の原因にも繋がってしまいます。

血液

Blood

血液は、全身にある細胞に、酸素や栄養素を送り、細胞からできた老廃物を回収して、排泄する臓器まで運ぶ役割をしています。

血球には、赤血球、白血球、血小板があります。白血球は、身体に入ってきた細菌やウィルスから守る役割、血小板は、出血を止める役割がありますが、中でも酸素を運ぶ役割の赤血球は、運動と大きく関わっています。身体を動かし続けるためには、身体の隅々の細胞まで、酸素が送り届けられなければならないからです。さらに赤血球は、細胞でいらなくなった二酸化炭素を回収して、肺に送り、身体の外への排出を手伝っています。この酸素を運ぶ力が落ちてしまうと細胞の活動が低下し、高い運動パフォーマンスができなくなってしまいます。これを貧血と言います。ヘモグロビンの値が、男性で13g／dl未満、女性で12g／dl未満を貧血とみなしています。

いい血液を作るのは、たんぱく質と、鉄。赤血球の合成には、ビタミンB_6、ビタミンB_{12}、葉酸のサポートも不可欠です。

神経

Nerve

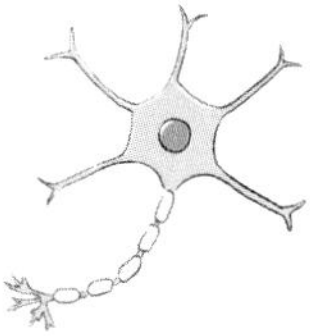

身体を動かす時、運動の指令を脳から筋肉まで送る「情報の通り道」のことを言います。例えば、右足でボールを蹴るという動作は、脳からの指令が、脊髄、末梢神経に伝わり、さらに右足の筋肉に伝わることで一連の動作として完結します。

脳から刺激を伝えるのが、ニューロンという神経細胞です。ニューロンが刺激されて興奮すると、そこにわずかな電気信号が発生します。この電気信号が末端にあるシナプスというつなぎ目のところまで届くことで、情報を伝えているのです。

ニューロンという神経細胞の間で情報を伝えているのが、神経伝達物質という化学物質です。神経伝達物質は、食べ物に含まれる栄養素からできています。材料となるのがたんぱく質。神経伝達物質をスムーズに作るのはビタミンB群。情報を流すのはカルシウム。それをコントロールするのはマグネシウム。どれも必要な栄養素です。

身体づくりをするためには常に多くの栄養素が使われるので、ビタミンやミネラル類が不足しがち。実際に不足してしまうと足がつったり、自分が思うように身体を操ることができなくなります。

消化器系

Digestive system

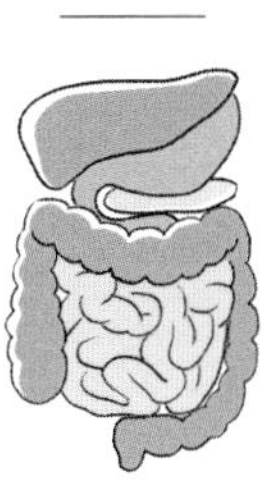

基礎代謝という言葉をよく耳にしませんか？「代謝が悪い」「代謝がいい」という言い方もします。何もしていなくても、心臓は動き、呼吸も自然としています。このように生命維持のために最低限必要なエネルギーを基礎代謝と言います。10代は、成長のためにたくさんのエネルギーが使われるので、基礎代謝が高い状態にあります。

1本の管になっている消化管

食べ物は、動植物がもとになってできています。私たちはそれらを丸呑みすることは出来ませんから、身体の中でできるだけ小さくする必要があります。それを消化といい、消化した食べ物が消化器官から身体に取り込まれることを吸収といいます。消化と吸収を行うのが消化管で、口から肛門まで続いているその1本の管の長さは約9メートルです。

3種類ある消化活動

●**機械的消化**▼歯で噛み砕く咀嚼。腸のぜん動運動など、食べ物を小さくする活動。
●**化学的消化**▼胃液や膵液など、消化酵素で分子レベルにまで小さく分解する活動。
●**生物学的消化**▼腸内細菌によって難消化物や未消化物を分解する活動。

食べ物は、消化吸収されることで、ようやく身体を動かすエネルギーに変わります。もちろん摂取した食べ物全てが吸収されるわけではなく、その日の健康状態や食べ合わせによって、吸収率は違ってきます。

2
章

それぞれの栄養素の役割を知る

人が生きていく上で
必要な栄養素を５大栄養素と言います。
ここでは、それぞれの栄養素の役割と水分について
お話していきましょう。

糖質・たんぱく質・脂質・ビタミン・ミネラルがうまく作用することで、筋肉が作られたり、疲労が回復したりします。アスリートのパフォーマンス向上にも大きく作用します。栄養のバランスが崩れると、せっかく摂取した栄養素の働きも十分に活かされないので、まんべんなく必要な栄養素を摂るよう、心がけてください。食事の基本は朝・昼・夕の3食をしっかり摂ることですが、必要に応じて間食を摂ります。間食はアスリートにとってはおやつというよりも「補食」の役割。足りない栄養を補うために摂ります。スポーツ栄養の目的は、アスリートのコンディション維持とパフォーマンス向上の2つに大別できます。競技によって体格や競技特性が異なるので、個人のエネルギー消費量はまちまちですが、糖質（炭水化物）はトレーニングの主なエネルギー源になるので、低強度または技術トレーニング時3〜5g／kg体重、中強度（1時間以内）のトレーニング時5〜7g／kg体重、持久的（1〜3時間）トレーニング時6〜10g／kg体重、高度（4〜5時間以上）トレーニング時8〜12g／kg体重。たんぱく質は、高強度のトレーニングをしている場合は体重1kgにつき1.5〜2.0g、持久系のトレーニングをしている場合は1.2〜1.4g程度の摂取が推奨されています。脂質は、脂質エネルギー比にして20〜30%が目安ですが、減量や増量などの目的に合わせて調整します。ビタミンやミネラルは、日本人の食事摂取基準の値を参考にしつつ、エネルギー摂取量によって調整します。

アスリートは一般人と比較して、より栄養密度の高い食事が必要とされているのです。

●バランスの良さと栄養密度の高さがポイント

糖質

Carb

エネルギーの源になります！

脳や筋肉などの全身のエネルギー源となる栄養素。1グラムあたり4キロカロリーのエネルギーで、ごはん、パン、麺類などの主食やいも類、果物などに含まれます。糖質は筋肉や肝臓に貯蔵されるエネルギー源（グリコーゲン）の材料になります。運動中は優先的に使われる栄養素なので、集中力やスタミナを保つためにも、しっかりと摂取・補給しましょう。

これが不足すると、エネルギー不足になって、集中力やスタミナが低下し、筋肉のたんぱく質が分解されてしまいます。

摂りすぎると余剰分が脂質として蓄えられてしまったり、虫歯のリスクが高まったりします。（不調を抱える時期が長いと集中力が途切れます。治療に通う時間含め、生産性が下がるので虫歯になるのはできるだけ避けたいところです）

糖質をたくさん含む食材

糖質は、単糖類、二糖類、多糖類に分けられます!

単糖類

はちみつ、果物

糖質の最小単位。そのまま腸管から吸収されるので、素早くエネルギーになります。単糖類には、ブドウ糖(グルコース)と果糖(フルクトース)、ガラクトースなどがあります。ブドウ糖は特に筋肉でも脳でも素早くエネルギーに変換されるので血糖値を上げるにはいいですが、小腸から吸収される量には約1.0g/分と限界があります。果糖は食べ過ぎると下痢を起こすことがあります。ブドウ糖と果糖は吸収される時の経路が違うので、組み合わせるといいでしょう。

二糖類

砂糖、牛乳、水飴を使ったお菓子など

単糖類が2つ結合してできた糖。ショ糖(砂糖)、乳糖(ラクトース)、麦芽糖(マルトース)があります。乳糖を分解する消化酵素が少ないことにより、牛乳を飲むと腹痛や下痢の症状を起こすことがあります。これを乳糖不耐と言います。乳糖不耐は、欧米人に比べてアジア人で多くみられます。最近では、乳糖不耐の人でも少量から始めて、少しずつ量を増やして飲み続けることで、おなかを壊さずに飲めるようになった例も報告されています。

多糖類

ごはん、食パン、コーンフレーク、スパゲッティ、うどん、そば、中華麺など

デンプン、グリコーゲンなど、単糖類が数個以上結合してできた糖。単糖が2から10個結合したものは少糖類(オリゴ糖)とも呼ばれています。

脂質

Lipid

効率のいいエネルギー源です！

体脂肪として体内に蓄えられる栄養素。

１グラムあたり９キロカロリーのエネルギーに変換されます。

「脂質＝太る」と考えられがちで、もちろん摂り過ぎはよくないのですが、少量でも多くのエネルギーを得ることができる効率の良いエネルギー源。身体の調子を整えるのに欠かせないホルモンの材料や脂溶性ビタミンの吸収や消費の助けになりますし、長時間の運動時には主要なエネルギー源になるなど、メリットもあるんです。

魚に含まれている脂質は血液をサラサラにする働きがあります。不足すると、エネルギーが不足するほか、肌が乾燥し肌トラブルの原因になります。摂りすぎると体脂肪が増えたり、動脈硬化を引き起こし兼ねないので、量には注意が必要です。

脂質をたくさん含む食品

積極的に摂るべきもの、そうでないものの見極めを!

コレステロールを多く含む食品

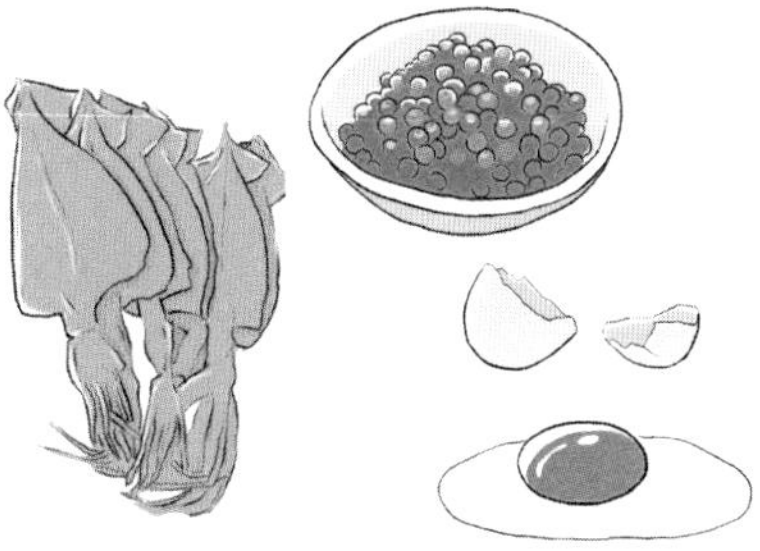

全卵、するめ、いくらなどに含まれるコレステロールの摂りすぎは、循環器疾患のリスク因子となることも示唆されています。

不飽和脂肪酸を多く含む食品

オリーブ油、キャノーラ油、ナッツ類、アボカド、青魚などに含まれる不飽和脂肪酸には、循環器疾患の予防に役立つ可能性が示されています。

トランス脂肪酸を含む食品

マーガリン、スナック菓子、洋菓子、揚げ菓子などの加工食品に含まれるトランス脂肪酸の摂りすぎは、冠動脈疾患のリスク因子にもなります。

飽和脂肪酸を多く含む食品

肉の脂、バター、生クリームなどに含まれる飽和脂肪酸の摂りすぎは、高LDLコレステロール血症のリスク因子にもなります。

たんぱく質

Protein

身体を作ります!

筋肉だけでなく、皮膚、骨、内臓、髪、爪を構成している栄養素で、酵素・ホルモン・免疫抗体などの材料にもなります。

筋肉の主な材料なので不足すると筋肉量が減少してしまい、運動で筋肉などの様々な組織へのダメージを受けると必要量が増えます。アスリートの場合は一般の人と比べると必要量も多いので3回の食事や補食でしっかり摂りましょう。

1グラムあたり4キロカロリーのエネルギーで、主に肉や魚、卵、乳製品、大豆製品に多く含まれます。

たんぱく質は夕食などで一度に大量に摂るのではなく、できるだけ均等になるように分けて摂ると良いでしょう。アスリートに必要とされるたんぱく質量は一般の人より多いので、3食の中でうまく摂れない時は、補食にとり入れましょう。

たんぱく質をたくさん含む食材

運動に不可欠な筋肉などを作る大事な役割!

肉、魚、うなぎ、牛乳、スライスチーズ、ヨーグルト(全脂無糖)、全卵、納豆、木綿豆腐、油あげなど。

ビタミン 身体の調子を整えます！

Vitamin

少ない量で身体のさまざまな機能を調節する栄養素。体内で作ることが出来ない、もしくは十分な量を産生できないので、食事で必要量を摂らなければなりません。各種ビタミンは体の調子を整える役目があります。ビタミンだけ摂取しても、直接パフォーマンスを向上させるわけではありませんが、たんぱく質、糖質などとともに摂取することで効果を発揮します。

ビタミンには13種類あり、それぞれ身体の中で代謝を助ける働きや、骨や血液などの材料になる役割があります。脂溶性ビタミンは、油脂に溶ける性質を持つビタミン。肝臓に蓄積されるため、摂り過ぎた場合、過剰症を引き起こす場合があります。水溶性ビタミンは、水に溶ける性質を持つビタミン。過剰に摂取しても体内に蓄積されずに尿から排出されるため、こまめに摂取する必要があります。また、水に溶けるため、野菜などを茹でた際など調理の過程で失われやすいことも覚えておきましょう。

ビタミン13種類

他の栄養素の働きを助けてくれる優れもの!

脂溶性ビタミン

ビタミンA	皮膚や眼、粘膜の健康を保つ。（レバー、うなぎ、緑黄色野菜など）
ビタミンD	カルシウムの吸収を助ける。（魚類、きのこ類など）
ビタミンE	抗酸化作用を高める。（ナッツ類、うなぎ、かぼちゃなど）
ビタミンK	血液凝固・骨や歯の健康に関わる。（納豆、緑黄色野菜、海藻など）

水溶性ビタミン

ビタミンB_1	糖質の代謝、疲労回復。（豚肉、大豆製品、玄米などの胚芽つきの穀物など）
ビタミンB_2	エネルギー代謝、成長の促進。（レバー、肉類、魚類、豆類、牛乳など）
ビタミンB_6	アミノ酸の代謝。（レバー、魚類、豆類、牛乳など）
ビタミンB_{12}	貧血の予防。（ほとんどの動物性食品など）
ナイアシン	糖質・脂質の代謝。（レバー、赤身肉など）
パントテン酸	エネルギー代謝、ホルモンの合成に関わる。（卵、豆類など）
葉酸	貧血の予防。（葉野菜、豆類、レバーなど）
ビオチン	糖質や脂質、たんぱく質の代謝に関わる。（肉類、魚類、卵、豆類など）
ビタミンC	鉄の吸収、抗酸化作用、コラーゲンの合成。（野菜、果物など）

ミネラル

Mineral

身体の機能を維持・調整します!

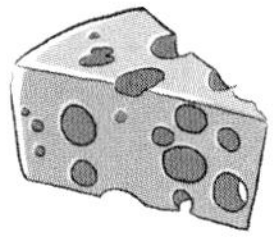

ビタミン同様、微量ながらそれぞれが生体の構成成分や生体機能の調節などの役割を持っています。各種ミネラルは、骨や歯の形成、筋肉や神経の機能の維持、酵素の働きを円滑にするなど、さまざまな役割を果たしていて、生命維持にはなくてはならないものです。

鉄

レバー、赤身の肉・魚、ほうれん草、小松菜、大豆製品など

鉄は酸素運搬やエネルギー産生にかかわるヘモグロビン、ミオグロビン、シトクロムというたんぱく質の構成成分などとして体内に存在しています。鉄は吸収率の低い栄養素で、多く含む食品にも偏りがあります。

効率よく鉄を補給するためには、鉄を多く含む食材だけでなく、鉄の吸収を促進・抑制する食材にも意識しましょう。

ヘム鉄●レバーや赤身の肉や魚などに多く含まれている鉄はヘム鉄と呼ばれ、非ヘム鉄よりも吸収率が高く、吸収阻害物質の影響を受けにくいと言われています。

非ヘム鉄●ほうれん草や小松菜などの植物性の食材に多く含まれている鉄分は非ヘム鉄と呼ばれ、ヘム鉄に比べると吸収力は下がりますが、通常の食事では非ヘム鉄を多く摂取しています。

非ヘム鉄はビタミンCやたんぱく質と一緒に摂ると吸収が促進され、フィチン酸やタンニンなどと一緒に摂ると吸収が抑制されるため、食事の組み合わせやタイミングを意識するようにしましょう。

ヘム鉄

Heme iron

非ヘム鉄

Non-heme iron

亜鉛

レバー、肉類、魚介類、海藻、野菜、豆類など

酸素やたんぱく質、DNAの合成に働き、不足すると味覚障害や免疫機能低下が生じます。成長期に不足すると発育不全となることさえあります。亜鉛は様々な食品に含まれているため、欠乏が見られることはほとんどありませんが、偏った食事にならないよう注意が必要です。

カルシウム

牛乳、チーズ、小魚、青菜、大豆製品など

骨や歯の材料になるだけでなく、筋肉の収縮、成長ホルモンの分泌に関わるミネラルです。ほかにも神経伝達にも関与しています。疲労骨折の多いアスリートには積極的に摂って頂きたい栄養素です。ビタミンDは、小腸でのカルシウムの吸収を助ける働きがあります。

亜鉛
Zinc

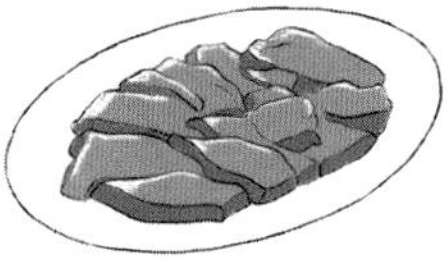

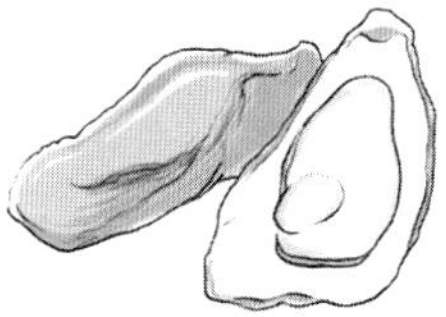

カルシウム
Calcium

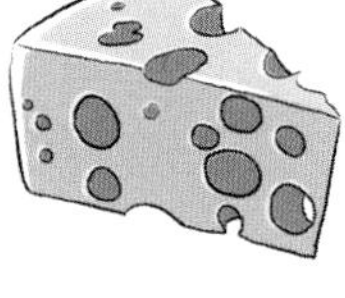

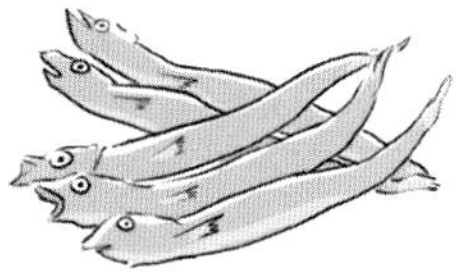

カリウム
Potassium

マグネシウム
Magnesium

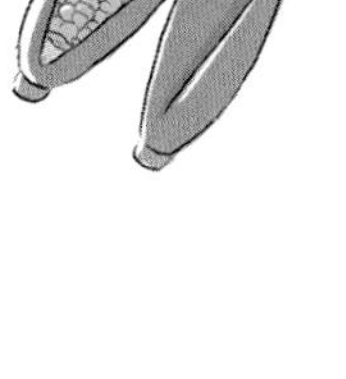

カリウム

果物、野菜、海藻など

体内の水分量と浸透圧に関与する働きがあり、そのほかにも筋肉の収縮、神経の伝達に関与するビタミンです。水溶性のため、加工や調理によって含有量が減少します。また、下痢や多量の発汗によっても損失量が増え、不足することがあります。不足すると、こむら返り（足つり）や筋けいれんの原因にもなるので気をつけましょう。

マグネシウム

大豆製品、種実類、海藻など

筋肉に収縮や、骨の歯の形成をサポートする働きがあります。体内の酸素反応やエネルギー産生にとっても必要です。不足すると、筋けいれんや心疾患や糖尿病などの生活習慣病のリスクを上昇させることが示唆されているので気をつけましょう。

水分

Water

物質の運搬、体温調節をします！

水分は体重の60％程度を占め、栄養素・老廃物の運搬、消化液・ホルモンの分泌、浸透圧の調節、体温の保持調節などさまざまな働きをしています。

発汗などによる脱水で体重の2％の水分を喪失すると持久能力が低下し、体重の3％の喪失で無酸素性の運動能力が低下するとされています。運動中の水分の喪失（脱水）で心拍数の上昇や、体温の上昇が見られます。

運動中は、自由に水分補給ができる環境を整えて、発汗量に見合った水分を補給する必要があります。摂取する飲料としては、5〜15℃に冷やした飲料で、飲みやすく胃にたまりにくいものを選択するようにしましょう。飲料の中身としては、0・1〜0・2％の食塩を含み、4〜8％程度の糖質を含んでいるものが推奨されています。

ミネラルウォーター

ミネラルの含有量によって硬水と軟水にわけられます。日本では軟水のものが多いですが、普段硬水を飲みなれていないアスリートが海外遠征などの際に硬水を飲み、下痢を起こすこともあるので、注意が必要です。

糖質を含む飲み物

ジュース

100%オレンジジュースなどは果糖などの吸収の早い糖質を多く含んでいるので、運動前・後のエネルギー補給に効果的です。ただし、運動中は糖質濃度が高く、気分が悪くなる場合もあるため、運動中の水分補給には向きません。

電解質を含む飲み物

電解質ウォーター

スポーツドリンクや経口補水液など。成分バランスや味はいろいろです。

カフェインを含む飲み物

コーヒー、緑茶、エナジードリンク

脳の覚醒を促します。利尿作用があるので、水分補給の目的では飲まないようにしましょう。

3
章

競技特性と食事について

身体の機能、栄養素についてわかったら
今度はご自身が関わっている競技の特性に合わせ
重点的に摂るべき栄養素、摂るタイミングについて
考えてみましょう。

身体を動かすためにはエネルギーが必要。そしてエネルギーが消費されたらそれを補給するために食事が必要です。

これは誰にでも言えることではありますが、特にアスリートに関しては、身体を動かす習慣のない人と比べ、約2倍のエネルギー量が必要になります。

だからといって食べる量さえ増やせばいいということではなく、競技によって消費されるエネルギーや摂るべき食べ物、摂るべきタイミングは異なります。

日頃のトレーニングの効果を最大限に引き出すためにパフォーマンスをアップすることのできる栄養素は何か、摂るべきタイミングはいつかを、よく見極めましょう。

瞬間的に最大限のパワーを発揮する

スピード・筋力系

●陸上（短距離・投てき・跳躍）
●水泳（短距離、飛び込み）
●ウエイトリフティング
●スキージャンプ
●体操（跳馬） ●ゴルフ（スイング）
●ソフトボール ●野球
●アーチェリー ●柔道
など。

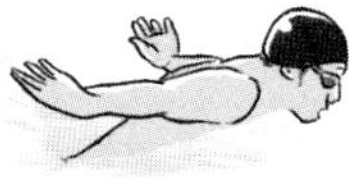

特性と心がけ方

- 運動後、早めに糖質やたんぱく質を補給する。
- 主食（ごはん、パン、麺類）に加えておかずは2品以上摂るようにする。
- 肉、魚、卵などを使った料理を毎食摂るようにする。
- たんぱく質はプロテインで補うのでなく、できる限り食事で補うようにする。
- 豆腐や納豆など、植物性のたんぱく質も積極的に摂取する。
- 揚げ物、油を使った調理法の食事は控え目にする。
- トレーニングや試合で忙しくても、毎食きっちり食事をするようにする。
- 外食をする時は、できるだけ多く野菜を摂るようにする。
- いちご、キウイのようなビタミンCを含む食品を多めに摂るようにする。
- 牛乳・乳製品を積極的に摂るようにする。

瞬発力と持久力の両方に加え、高度な技術が必要な

間欠的持久系

●バスケットボール ●テニス ●サッカー
●バレーボール ●バドミントン ●卓球 ●水泳（中距離）
●陸上（中距離）●自転車（MTB・BMX）
●カヌー（500m）●スピードスケート（1000m）
●パシュート（1000m）●スポーツクライミング
●ラグビー ●アメリカンフットボール ●ホッケー
●新体操 など。

特性と心がけ方

- 普段から糖質をしっかり摂るようにする。
- 肉、魚、卵、牛乳など、たんぱく質の多いメニューを毎食1品以上摂るようにする。
- 鉄を多く含む食品を意識的に摂るようにする。
- 野菜は色の濃いものと色の薄いものを組み合わせて摂るようにする。
- 果物など、ビタミンを多く含む食品は1日2回は摂るようにする。
- 牛乳・乳製品を積極的に飲むようにする。
- 間食は、不足した栄養素の補てんを心がける。
- 1日で食べる食品の数をできるだけ多くする。
- エネルギー不足を起こさないためにも、空腹でトレーニングをしないようにする。

エネルギー消耗が激しく、練習も競技もハードな

持久系

●陸上（長距離、マラソン、競歩）
●水泳（長距離）
●フィギュアスケート ●アーティスティックスイミング
●自転車（ロードレース）●ボート ●カヌー（1000m）
●クロスカントリースキー
●トライアスロン
●スピードスケート ●パシュート

特性と心がけ方

- 主食（ごはん、パン、麺類）は多めに摂るようにする。
- 間食でも高糖質な食べ物を意識的に摂るようにする。
- 赤身の肉や魚を意識的に摂るようにする。
- 大豆食品やほうれん草、レバーなど、鉄の多い食品を摂るようにする。
- 豚肉や豚肉加工品など、ビタミンB1を多く含む食品を多く摂るようにする。
- 乳製品など、カルシウムを多く含む食品を多く摂るようにする。
- 疲れていても、3食食べるようにする。
- 水分補給をこまめにする。
- 特に競技前は普段より多く糖質を摂るようにする。

食事がどうパフォーマンスに作用するのか？

トレーニング効果が高まる。

特に競技スポーツの場合は、筋肉への負荷が大きいですが、その筋肉はたんぱく質によってできています。筋たんぱく質は、「合成」と「分解」という代謝を繰り返すことでできています。そのため、たんぱく質の摂取量が足りないと、筋たんぱく質の分解だけが促進されてしまい、どんどん筋肉量が減ってしまうのです。

たんぱく質は食事から摂るのが一番。肉、魚、乳製品、卵、大豆製品に多く含まれているので、これらを偏りなく、継続して摂るよう心がけましょう。安定して食べてからトレーニングすることで、筋力が安定し、身体能力が高まっていくのです。

身体が大きくなる。

競技相手との体格差によるデメリットを少しでも減らしたい場合、パワーを高めたい場合、身体を大きくする必要があります。

その場合は、筋肉をつけるためのたんぱく質だけでなく、その筋肉を大きくするために糖質を同時に摂るのが効果的です。

例えば、レジスタンストレーニング（バーベルやダンベル、マシンを使ったものから、腕立て伏せなど自分の体重を利用して、筋肉に抵抗負荷をかけるトレーニング）で筋線維（筋細胞）を損傷させ、修復されるタイミングで以前よりも筋肉を大きくするわけですが、その時にたんぱく質だけを一生懸命とってもあまり効果的ではありません。

糖質とたんぱく質を同時に摂ることで、効果的に筋たんぱく質の合成が進むのです。

タイミングも大事です。朝昼晩の3回の食事以外に、運動前後の補食でこの両方をバランスよく摂ると、効率よく身体を大きくすることができます。

素早く疲労回復できる。

翌日も安定的にトレーニングメニューをこなせるよう、その日の疲れはその日のうちに取りたいもの。試合直前なら、なおさらですね。

トレーニング後、あるいは試合後、効率よく疲労を回復させるために、アクティブリカバリー（軽く走る、軽く泳ぐ、ストレッチをする）や、パッシブリカバリー（炎症している筋肉を冷やす、あたためて筋肉をほぐす、お風呂に入る、マッサージをする、着圧機能のあるインナーを着る、睡眠をとる）のどちらかで、どのアスリートも並々ならぬ努力をしながら疲れを癒しています。そんな中、欠かしてはいけないのが食事による栄養補給。これは後者のパッシブリカバリーに含まれるのですが、栄養素をすばやく体内に入れることで、失われた水分とエネルギー、糖質、たんぱく質などが補給され、筋グリコーゲン、筋たんぱく質の合成をしてくれるからです。

持久力が高まる。

日常生活では、糖質をある一定量に制限することが流行っていますが、アスリートにとっては糖質は大変重要で、競技により糖質がパフォーマンス向上のための食事の柱になることがあります。

マラソン、ロードレース、スピードスケートなどがそれにあたりますが、そのような一定強度の運動を長く続けるための持久力には、糖質補給によって貯蔵されるグリコーゲンが、直接的に影響するからです。

ただ単に糖質だけを意識して摂っても効率よくエネルギーは作れません。

効率よくエネルギーを作るためには、ビタミンB群を一緒に摂ることが大切です。

また、酸素を運搬する赤血球やヘモグロビンの主な材料である鉄も大切。鉄は動物性たんぱく質とビタミンCと一緒に摂ることで、吸収率が上がります。

コンディションが整う。

腸内環境が悪化して下痢や便秘をする。風邪をひく。いつもと環境が変わりストレスで胃が痛くなる……。体調を崩すことで、本来持っている実力が発揮できないようではあまりにももったいないですよね。

日頃の努力の成果を最大限発揮するためにも、体調管理には最大の注意を払いたいもの。そのためには、エネルギー不足にならないように、1日に必要な糖質とたんぱく質はしっかりとる。胃腸に負担をかける食事は避ける。抗酸化力のある色の濃い野菜を意識的に摂ることが大切です。

このように、食事がパフォーマンス向上に貢献できることは無限にあります。

また、栄養素の組み合わせの妙を日頃から知っておくだけで、効率よく、バランスよく、負担なく自分の競技に最適な栄養素を取り込むことができるのです。

知っているのと、知らないのとでは、競技人生に大きな違いが出てくるとも言えるでしょう。

4章

世代や個性による食事術

3章では、競技特性の違いにより
食事で気をつけるべきポイントが違うとお伝えしました。
4章では、世代や性別、個性による
留意すべきポイントについてお話していきます。

ジュニアアスリート特有の課題について

成長期と重なるこの時期。ここでの食習慣が生涯を左右する可能性もあるので、栄養管理には特に気をつけたいところです。発育のピークを迎える時期には個人差がありますが、小学校高学年から中学生にかけてが主なピーク。特にこの時期は貧血や疲労骨折などのトラブルが増える時期です。成長期は身長が伸びると同時に体重が増えます。この体重の増加に伴い、骨や骨格筋量も増加していきます。成長によって日々増加する必要エネルギー量を、補給しなかったり、補給しても補いきれない場合は、どうしてもエネルギー不足になります。運動をしていなければなんとか補給はできますが、エネルギー消費量の多いアスリートはそうはいきません。成長期は、骨格筋や血液成分の合成も増加するので、鉄、たんぱく質、エネルギーの必要量も多くなり、貧血を起こしやすいのです。また、骨の発育のためにも、カルシウムやビタミンD、ビタミンKの摂取を心がけるようにしましょう。エネルギー不足を引き起こす原因はいくつかありますので、しっかり現状を受け止め、対処しましょう。

食事や補食として食べている量が自分の能力の限界に達している。

身体活動量を減らすことにより、エネルギー消費量を減らして、発育・発達を優先させるべきです。

併せて、食生活を見直し、効率よくエネルギーを摂ることができるように、食べ方や調理法を工夫、補食の追加をしましょう。成人アスリートの中には、食事以外にサプリメントを活用している人もいますが、私はこの時期のサプリメントは推奨しません。なぜなら、ジュニア期は食べることで補いきれないほどの運動量は、オーバートレーニングとなるからです。

サプリメントを摂ることで運動量を維持したり、さらに多くするようなことは避けて欲しいと思います。

過剰な運動量（質や時間、強度も含む）、生活リズムが乱れている。

これらが原因で、食欲が減退し、眠気によって夕食が十分に食べられないことがあります。この場合も、練習時間の見直しをするなど調整を行い、生活リズムを整えることを優先させましょう。

意図的に摂取量を減らしている。

本当は食べることができるのに、わざと食べる量を減らしたり、脂質や糖質を減らしてしまっている場合。

この状態は、発育・発達に必要なエネルギー量が少なくなるだけでなく、生きるため・生活するために最低限必要なエネルギーさえ枯渇してくる可能性があるので、その状態から急にエネルギーを摂取すると、身体が過剰摂取と認識して、急激に体重（体脂肪）が増えてしまうことがあります。

アスリートとしての体型を保ちつつ、徐々にエネルギーを増加していくよう心がけましょう。

ＬＥＡ（アスリートの利用可能エネルギー不足）が改善されたら身長の増加とともに体重も増え、順調な発育・発達を続けることができるようになります。

発育・発達が終了したら、そこに必要だったエネルギー量を運動で使うことが再びできるようになりますから、ＥＡ（利用可能エネルギー）を変えずに運動量を増加させることが可能になります。

左記のことを踏まえて、良好な栄養状態を維持するために、バランスよく食べることを心がけましょう。

● 必要なエネルギーや栄養素を3食で摂れなかった場合は、補食を加えます。練習終了時間の兼ね合いで夕食が遅くなる場合は、間食を追加。練習中にエネルギーや栄養素が不足しないようにします。普段は「間食」といえば、食事と食事の間が6時間以上あく場合、夕食の一部（主に主食）を食べることを言い、夕食では間食で食べた分を減らして食べるようにしますが、ジュニア期は、「夕食が遅くなるから摂る間食」と「3食ではまかないきれない栄養素をとるための補食」を兼ねることがあるので、夕食でその分を差し引かずに食べることがあってもいいと思います。

● 食べることができる嵩のうち、主菜（肉・魚・卵などのおかず）だけで半分以上の嵩になるような献立は避けます。

成長期の身体づくりに必要な糖質の量も増加しますから、主食の量を十分に確保するようにしましょう。運動にはたんぱく質が必要だからと主菜に目が行きがちですが、たんぱく質は主食にも含まれています。

● 夕食の半分以上が主菜では、たんぱく質の過剰摂取になってしまうでしょう。主菜の量が増えれば、野菜や海藻などの副菜の量が少なくなり、ビタミンやミネラルの摂取不足になってしまいます。

バランスの良い食事とはなんでしょう。

「自分にとって必要な量」「食事の内容が調っている」のが基本だと思っていますが、バランス感覚が身についてくると、「この1食では摂りきれなかったから、補食でそれを摂ろう」「昼食では無理だったから、夕食で補おう」と自分で調整する能力は、意識すればちゃんと身につきます。

食べたものをしっかり認識し、毎日決まった時間（朝起きて、トイレに行った後など）に体重を測って

コンディション確認をすることにより、自分の適正量がわかるようになってくるのです。

女性アスリート特有の課題について

食事と運動を語る中で、女性ならではの事柄といえば「月経」。一般的には、排卵から月経までの時期に食欲が増すと言われています。これは、月経周期による体温の変化が関わっています。排卵後に体温が高くなることによって、エネルギーの消費量は多くなります。エネルギー消費量が増えれば、それを補うために食欲が増すんです。体温の上昇のために消費するエネルギー量よりも多く食べると体重が増えてしまいますので、毎月月経前に体重が増えることが当たり前にならないように、身体のしくみを理解し、コントロールしましょう。

月経前のエネルギー必要量

排卵から月経が始まるまで、およそ0・3～0・5℃くらい、エネルギーの必要量が増すと言われています。体温が1℃上がると基礎代謝が13％アップすることから、成り立つ計算式は以下の通り。

計算式

体重が1℃上昇した時の基礎代謝量の増加量

（A）kcal／日＝

体重（Xkg）× 22.1kcal × 13%

（18～29歳の女性の基礎代謝基準値）

月経に伴う0・3～0・5℃の体温上昇での基礎代謝増加量

（Xkg）× 22.1kcal × 13%（0.13）× 0.3～0.5℃

例えば

体重が56kgの22歳の女性が

体温1℃上昇した時の基礎代謝量の増加量

体重 56kg × 22.1kcal × 13% ＝ 160kcal／日

月経に伴う0・3～0・5℃の体温上昇での

基礎代謝量の増加量

160kcal／日 × 0.3～0.5 ＝ 48～80kcal／日

よく月経前になると、甘いものをムシャムシャ食べてしまう人もいますが、月経に伴う体温上昇によるエネルギー必要量の増加は、例えばチョコレートで言うと1日ほんの2〜4かけら分（1かけら約20 kcal）なので、どうしても必要以上に体重が増加しがち。さらには、排卵後から月経までの期間は、女性ホルモンの一つであるプロゲステロンの働きにより、体内に水分を貯蓄しようとするので、さらに増加傾向に。

自分の月経周期と体重変動について、しっかりと把握し、コンディションを整えることが大切になってきます。

FAT〜女性アスリートが陥りやすい3つの症状〜

1992年、アメリカスポーツ医学会が女性アスリート特有の症状として「摂食障害」「無月経」「骨粗しょう症」を「女性アスリートの三主徴（Female Athlete Triad：FAT）」として指摘し、それぞれ独立した症状だと思われてきました。

ところがその後の研究により、「摂食障害」という表記は、2007年を機に、ジュニア期の項目でも挙げたLEA（アスリートの利用可能エネルギー不足）という表現に変化。「無月経」も「視床下部性無月経」と具体化した表現になりました。

今まで独立した3つの症状だと思われていたものが、実は互いに関係し合っているということもわかってきました。つまり、「利用可能エネルギー不足」が「視床下部無月経」を引き起こし、「利用可能エネルギー不足」が「骨粗しょう症」を引き起こし、さらに「視床下部無月経」は「骨粗しょう症」を引き起こすことがわかってきたのです。

ＦＡＴは、継続的な激しい運動が原因で引き起こされるのではなく、利用可能エネルギー不足が原因で引き起こされる「栄養障害」なのです。私が20代だった頃は、「摂食障害」という言

●女性アスリートの三主徴の考え方の変遷

葉がよく使われ、食べなくなることで体脂肪が少なくなって疲労骨折や無月経になると信じられていました。

FATの原因には、「オーバートレーニング」「心理的ストレス」「月経周期の乱れ」などの要因がありますが、特に日本女性が気をつけたいのが「食生活の乱れ」です。自覚のないまま、栄養不足になっていることが多く、そのぶんFATになりやすいのです。

エネルギーをしっかり補給しないまま運動をすると、FATになりやすいだけでなく、貧血やイライラ、集中力不足などにもつながります。また、10代前半の女子の場合は「初潮」の問題も絡んできます。月経を迎えたあとの10～15歳は骨が強く育っていく期間。その時期に過度な運動によって初潮が遅れてしまったり、疲労骨折をしてしまったりしたら、骨の成長にも影響します。

女子アスリート向きの食事

特に審美系スポーツ競技者は、「美しく見られること」が課題の一つとなり、食事を制限することも多いと思います。ただ、そうなると栄養不足につながり、パフォーマンスが上がらず、かえって逆効果。健康維持も難しくなります。そこで大切なのがやっぱり食事。

女性が意識したい栄養素は、たんぱく質・鉄・カルシウム。これに鉄の吸収やコラーゲンの生成を助けると言われるビタミンCをプラスした食事を意識しましょう。

特にタンパク質は、筋肉維持のためにも積極的に摂りたい栄養素。食事量を減らしてしまうと、糖質・脂質の摂取量が減ったところに、トレーニングを重ねることで、体内のたんぱく質がエネルギー源になってしまいます。そうすることで見た目はスリムになるかもしれませんが、パフォーマンスは落ちてしまうので、気をつけましょう。

視床下部性無月経は、脳が子どもを産むことができない状況であると判断し、月経を止めてしまうということです。引退しても正常月経に戻る保証はありません。トップの競技レベルではない、あるいは部活動で行う練習量でも、エネルギー不足になればFATは起きてしまいます。食べることを制限していない場合には、本人も指導者もエネルギー不足になかなか気づけないケースもあると思います。かつての指導者の中には「生理があるのは鍛え方が足りないからだ」と言う人もいたと聞きますが、今は月経と栄養、運動量の関係性への認識も新たになってきています。

場合によっては、婦人科の医師や公認スポーツ栄養士、管理栄養士の方々との連携を取りながら、女性アスリートには、是非食事術の中に月経管理も入れて欲しいと思っています。

シニアアスリート特有の課題について

「シニア」という呼び方は、スポーツの世界では「ジュニア」と区分するときに使われたりしますが、ここでは「生涯スポーツとして運動を捉えている60歳以上の人」のことを指します。シニアアスリートの栄養管理を考えるポイントは2つあります。

加齢によって変化する自分の身体を受け入れる

加齢による変化は、骨格筋量の減少だけでなく、様々な組織や器官に起こります。普段運動をしている人であっても、その変化を受け入れることから始めましょう。

●栄養・食事の観点では、

口の中

歯の状態が悪いと咀嚼機能が低下します。唾液の分泌も少なくなり、唾液による糖質の消化力も低くなります。食べたものと唾液の混ざり具合もよくなくなり、スムーズに飲み込める柔らかさにならなくなることも多いです。嚥下機能も低くなるので、飲み込むタイミングが合わなくなり、むせることが多くなります。

胃腸

消化器の運動機能と消化液の分泌機能が低くなることにより、消化機能が落ちていきます。消化がうまくいかなければ、当然吸収率も下がります。

大腸

腸管の運動機能が低下するので、下痢や便秘が多くなります。

一般的に高齢期に入ると身体が小さくなり、身体活動量が少なくなるので、食べる量が減ったり、減らさなければ、という意識が働くことがあると思います。

意外にも食べる量が減らない、という場合は、消化吸収能力が落ちている分、量を食べて補っているのではないかと思います。

では身体が小さくなることによってエネルギーや栄養素の必要量はどのように変化するのでしょう？

同じ動きであっても、身体が小さくて軽い方がエネルギーはかからないので、糖質や脂質の摂取量は少なくてよくなります。ビタミンとミネラルも代謝が下がれば使う量も減ります。全体的に必要量が減るのです。

しかし、高齢者のやせは、フレイルおよびサルコペニアなどの原因にもなるため、必要量をしっかりと摂取し、適正体重を維持するように心がけましょう。

疾病の予防・改善をする

身体活動の量が多くなるに従って、様々な疾病や認知症のリスクが低下すると言われているので、シニアアスリートが運動することそのものは素晴らしいことだと思います。

ただし、過度な運動による整形外科的な疾病やエネルギー不足には注意しましょう。

休養の取り方も、若いころと同じように考えていてはいけません。故障の原因になったり、疾病を引き起こしたりする前に、また、アスリート生活を長く続けるためにも、体力を低下させない運動量と休息の取り方の見極めをしましょう。

栄養面も年齢に応じて見直す必要はありますが、一気に極端な変更に舵を切るのは危険です。

私の知り合いにも、前にはできていたことができなくなるという焦りから、いいと聞くと極端にそのアイデアを取り入れようとする人がいます。「野菜は身体にいい」からといって、食事の

3分の2を野菜に切り替えるなど極端なことをすると、副菜は十分に摂れても主食や主菜が少なくなり、エネルギー不足、低栄養状態に陥り逆効果です。

健康食品やサプリメントもしかり。

身体が言うことを聞かなくなるとついつい頼りたくなる気持ちはわかりますが、たくさんある情報の中から、「自分にあうかどうか」をしっかり精査し、活用方法を間違えないようにして欲しいと思います。

パラアスリート特有の課題について

パラアスリートの栄養摂取の目安になる研究はなかなか進展していないのが現状です。障がいの部位や状態が違うことが原因だと思われますが、それでも私の知る範囲だけでも、ここで触れておきたいと思います。

自分の個性と消費エネルギー、必要栄養量をしっかりと把握する

パラスポーツのアスリートには、主に頸椎損傷や脊髄損傷や二分脊椎で下半身が動かない方、欠損や切断の方、知的障害や視覚障害の方などがいらっしゃいます。

エネルギーや栄養素の摂取量については、基本的には健常者アスリートと同じですが、障がいの部位や状況によって、コンディションをよくするための方法は柔軟に変えていく必要があると思っています。

私は車椅子ソフトボールチームを指導していますので、まず脊髄損傷や頸椎損傷の場合についてお話ししたいと思います。

難しいのは、排便と尿の部分をどう捉えるかです。

例えば、脳性麻痺や脊髄・頸椎損傷があると、自律神経障害によって血糖コントロールが難しく、体温調整もしづらいそうです。

発汗・消化管・排便・排尿の状況は個人で異なるので、食べることと関連させて個別に見ていく必要があると思っています。発汗の量によって水分補給の量を決めるのですが、尿の状況や水分と便の関係も考慮しなければなりません。

消化管の状況は機能面の低下があれば注意が必要な食品や料理があり、自分で把握している人が多いです。排便に関しては、個人のタイミングや方法（腸内洗浄など）があり、食べる量や水分補給によって排便の間隔が変わるので、エネルギーや栄養素の補給だけを優先させるべきではないのです。下痢や軟便を起こしやすい人は食べる量や水分摂取量を決める時に、排便を中心に考えている人が多いのも事実。

そのためあえて食べる量を抑えている人は、運動中の低血糖や体温上昇については、運動中に飲むスポーツドリンクの糖質濃度を高くするなど、工夫が必要です。

視覚障がい（ブラインド）のアスリートは、体こそ健常者と同じですが、脳が消費するエネルギーは違っているのではないかと思います。空間認知で使うエネルギー消費量は無限大で、練習で体を動かした分のエネルギー量だけで考えていると、痩せていってしまうと思います。

パラアスリートの栄養管理を考える時には、決まった計算式に当てはめるのではなく、まずその選手に触れて一緒に考えていく必要があると思います。

同じように車椅子に乗っていても、胸椎4番・5番の損傷では腹筋が効きませんが、8番・9番あたりの損傷の場合は腹筋が多少効いています。みなさんには同じような障害に見えるかもしれませんが、それだけでも全然違います。

四肢欠損や切断の状況によっても、エネルギーや栄養素の摂取についてどう考えるべきかも議論が分かれます。注意すべきは、欠損や切断した部分をカバーするために、様々な機能や骨格筋が発達していることがあり、運動中はそのために必要なエネルギーや栄養素についての対処をしなければならないことです。

微量栄養素を積極的に摂る

パラリンピックは、私が3度目に出場したアテネ大会から夏季オリンピックと同時開催が始まりました。それまでは栄養について細かい指導を受ける機会がなかったそうですが、最近はパラリンピックにも医科学的なサポートが入るようになったと聞いています。選手村の食堂では、コンディションの維持のためにも世界各国の選手が食べ慣れているものが出されています。食事内容はオリンピックとパラリンピックで変わりませんが、例えば車椅子の選手が通れるようにテーブルの間隔が広くなっていたり、ごみ箱が低くなっていてすぐ捨てられるようになっていたりという部分がオリンピックとは違います。

障がいの違いにより、とるべき栄養素の種類や量は違うと先に述べましたが、パラアスリート全体に不足していると言える栄養素が、最近の調査でわかってきました。

栄養素は多量栄養素と微量栄養素の2つに分類できます。

たんぱく質、脂肪、糖質は多量栄養素といい、微量栄養素とは、微量ながらも人の発達や代謝機能を適切に維持するために必要な栄養素であるビタミン、ミネラルを意味します。

パラアスリートの穀類、野菜、果物、乳製品の摂取量を、米国の2000年版食事ガイドラインの推奨量と比較すると、穀類などに比べて果物や乳製品の推奨量を満たしていないアスリートが多く、摂取不足状態にあると考えられました。

とくにビタミンD不足はほぼ100％が該当。カルシウム不足やマグネシウムの不足も3分の2に上り、ビタミンAの不足は過半数、ビタミンC不足は3分の1が該当。女性アスリートでは鉄の摂取不足が3分の1弱に認められたそうです。

長くスポーツを続けていくためにも、食事の仕方、摂る栄養素にこまめに目を向けていって欲しいと思います。

5章

オリンピアンの食事術

机の上でのお勉強も大事だけれど、
一番いいのは経験者の生の声を聞くことだと
私自身強く感じています。
この章では、いろいろな競技、いろいろな世代の
メダリストの皆さんにお話をうかがいました。
コロナ渦の取材ということもあり、
皆さんに一堂に会して頂くことが叶いませんでしたが、
同じ質問を投げかけ答えて頂いたことを
誌面座談会風にまとめました。

誌面座談会

齋藤美佐子さん
ヘルシンキ五輪／水泳

奥野史子さん
バルセロナ五輪／アーティスティックスイミング

寺内 健さん
アトランタ、シドニー、アテネ、北京、リオ五輪／飛込

市橋有里さん
シドニー五輪／女子マラソン

岡本依子さん
シドニー五輪／テコンドー

金村祐美子さん
アテネ、北京五輪／カヌー

田中理恵さん
ロンドン五輪／体操

太田 忍さん
リオ五輪／レスリング

高山　みなさんこの度はありがとうございます。私がオリンピックに出場したのは、1996年（アトランタ）、2000年（シドニー）、2004年（アテネ）なのですが、ミレニアムを挟む3大会を経験して感じたのは、「スポーツにおける食の重要性をめぐる認識の変化」。

いつ、どのように変わったのか。飛行機を乗り継ぎヘルシンキ大会（1952年）に出かけて行った頃と今とでは、どのように食への意識が変わったのか。

どうしてもそのことが知りたくなり、様々な世代、様々な競技のアスリートにお声がけさせていただきました。
小さい頃の食習慣から、オリンピックを意識し始めてからの食行動まで、実感の伴うお話を、いろいろお聞かせ頂ければと思います。

●子ども時代の食習慣はどんなでしたか？

奥野　私は京都出身なので「おばんざい」と言われるお惣菜が食卓に並ぶ家でした。実は子どもの頃はお肉が全然食べられなくて。お豆腐はめちゃくちゃ好きな子どもだったので、そこでたんぱく質を補っていたのかな。

田中　うちは和食中心。「おやつが食べたい」というと、ケーキの代わりに納豆、キムチ、ちり

POST CARD

料金受取人払郵便

小石川局承認

9109

差出有効期間
2021年
11月30日まで
(切手不要)

112-8790

127

東京都文京区千石4-39-17

株式会社　産業編集センター

出版部　行

★この度はご購読をありがとうございました。
お預かりした個人情報は、今後の本作りの参考にさせていただきます。
お客様の個人情報は法律で定められている場合を除き、ご本人の同意を得ず第三者に提供することはありません。また、個人情報管理の業務委託はいたしません。詳細につきましては、「個人情報問合せ窓口」（TEL：03-5395-5311〈平日 10:00 ～ 17:00〉）にお問い合わせいただくか「個人情報の取り扱いについて」（http://www.shc.co.jp/company/privacy/）をご確認ください。

※上記ご確認いただき、ご承諾いただける方は下記にご記入の上、ご送付ください。

株式会社 産業編集センター　個人情報保護管理者

氏名《ふりがな》

（男・女／　　　歳）

ご住所　〒

TEL：

E-mail：

新刊情報をDM・メールなどでご案内してもよろしいですか？	□可　□不可
ご感想を広告などに使用してもよろしいですか？	□実名で可　□匿名で可　□不可

ご購入ありがとうございました。ぜひご意見をお聞かせください。

■ お買い上げいただいた本のタイトル

ご購入日：　　　年　　月　　日　　書店名：

■ 本書をどうやってお知りになりましたか？

□ 書店で実物を見て
□ 新聞・雑誌・ウェブサイト（媒体名　　　　　　　　　　　　　　　　　）
□ テレビ・ラジオ（番組名　　　　　　　　　　　　　　　　　　　　　　）
□ その他（　　　　　　　　　　　　　　　　　　　　　　　　　　　　　）

■ お買い求めの動機を教えてください（複数回答可）

□ タイトル　□ 著者　□ 帯　□ 装丁　□ テーマ　□ 内容　□ 広告・書評
□ その他（　　　　　　　　　　　　　　　　　　　　　　　　　　　　　）

■ 本書へのご意見・ご感想をお聞かせください

■ よくご覧になる新聞、雑誌、ウェブサイト、テレビ、
よくお聞きになるラジオなどを教えてください

■ ご興味をお持ちのテーマや人物などを教えてください

ご記入ありがとうございました。

めんじゃこ、たくわんが出てくるような家でした。和歌山なので梅干しもよく食べましたね。当時はそれが普通だと思っていました、笑。

金村　母親が週一回、宅配で無農薬野菜を取り寄せていたのを覚えています。子どもの頃はとにかく食が細いのが悩みでした。大学でカヌーを始めてから、食事をしっかり摂らないと体が持たないことが痛いほどわかったので、意識がぐんと変わりましたが。

寺内　母が作る料理はいわゆる粗食。シンプルなものが多かったです。「鶏肉多いなあ。ひじき多いなあ。ハンバーガーとか食べたいのになあ」と子どもながらに思っていたのですが、今思うと僕の体を気遣って、低脂質なものを選んでくれていたんでしょうね。

市橋　私は徳島県鳴門育ち。海に近いこともあり魚をよく食べていました。我が家では肉といえば鶏肉ばかりでしたが、競技を始めてから自分で勉強し、豚肉にはビタミンB群がたくさん、牛肉には血液を作るヘモグロビン（鉄）がたくさん入っているとわかると、都度母に伝えて料理に取り入れてもらっていました。

髙山　おお、意識の高いお子さんだったんですね。

岡本　私の子ども時代はコンビニもなかったので、母が作ってくれた家庭料理一辺倒でした。ただね、高校ぐらいからは母のごはんの後にチョコレートとか甘いものを目一杯食べてしまってました。選手になってからも「好きなものを好きなだけ」は変わらず。20代で怪我してからはスパッと砂糖をやめましたが。

太田　僕の実家は青森の五戸町っていう人口1万6千人くらいの村で、みんな基本自給自足なんですよ。だから米も野菜も物々交換。特産のりんご、長芋、にんにくは食べ放題。母親がスーパーで働いていたから肉もバランスよく手に入ったし、父が釣りが趣味だったので魚も手に入った。自然とバランスのとれた食事をしていたのかなと思います。だからなのか、身体がとても頑丈でした。

髙山　どのおうちも、栄養バランスのいい料理、ヘルシーな料理が食卓に上がっていたようですね。監修の河嶋先生は、トップアスリートを目指すお子さんやその親御さんとの接点が多いそうですが、最近のご家庭の傾向はどうでしょう？

河嶋　仕事柄、小学生やその保護者に栄養指導する機会があるのですが、小学生という時期は、その後の食習慣に繋がっていく大事な時期であることは間違いありません。ただ私の場合は、何をどれくらい食べたらいいのかとか、一食にどういったものがお皿の上に並んでいたらバランスの取れた食事だとかいう事ももちろん大切なのですが、「まずはいろんな種類の食材に触れましょう。いろんな色の野菜を食べましょう」と伝えるようにしています。というのも、最近の親御さんの傾向として、「たくさん情報を仕入れ、それを日常にしっかり落とし込まなきゃ」と完璧を目指す人が多いんです。とはいえいつも一汁三菜っていうのも難しい。だからなるべく「今日は副菜が食べられなかったから次の日は一品足しましょう」といったような、ご家族の負担にならないような言い方を心がけています。髙山さんご自身のお子さんの頃はどうでしたか？

髙山　うちは、必ず家族5人全員（父、母、祖母、弟、私）で食事をするという決まりがありました。幼い頃の私は好き嫌いが多かったんですが、出されたものは残さず食べる。どんなに時間がかかってもしっかり食べる、を重視する家でしたね。特に幼い頃の記憶の中で鮮明に残っているのは、かつお節削り器。今の家庭にはあまり無いかもしれませんが、木箱の上部にカンナがついていて、堅いかつおを削って箱を開けると削りたてのかつお節のいい薫りがするんです。だしをとって料理を作ることの大切さを親が教えてくれたのは、私にとって大きかったですね。

奥野　そういえば、うちもだしはめちゃくちゃとりました。かつお、いりこをよく使ってましたね。

金村　うちもだしをとっていました。自分で作るようになってからもよく昆布でだしをとっていますよ。遠征にも必ず昆布を持っていきます。ちなみにだしをとった後の昆布もしっかり食べます！

髙山　実は個人的な思いもあり、「小さい頃からしっかり家でだしをとった料理を食べていたかどうか」が気になって、オリンピック経験者に会う度に質問しているんですが、今のところ「だしをとっていた」と答えるオリンピアンが多いです。

●競技生活を始めてから、食事面でどんなことに気をつけていましたか？

田中　体操の場合、筋肉はつけなくてはいけないのですが、見た目の美しさも評価基準になるので、柔らかい筋肉をつけるようにしていました。ケガをしている時は消費エネルギーが違うのであまり食べ過ぎない。でも3食食べる。「3カ月後、半年後の未来の身体のために食事をするんだ」っていう気持ちで食べていました。

高山　未来の身体のためにする食事、いい言葉ですね。

田中　最初からじゃないんです。意識できたのは大学生の頃。中学3年生の時に月経が始まって自分の身体のラインが変わっていき……。成長期の高校3年間はとても悩みました。

寺内　飛込みはエネルギーの消費量が多いので、小学校の頃から23、4歳までは、朝から5枚切りの食パンを一斤ペロリ。バターを塗ってから焼いたり、焼いてからバターを塗ったりと、味変しながらなんとか全部食べきってから練習に行くという生活を続けていました。

●食習慣がもたらしたパフォーマンスの変化について教えてください。

奥野　何を食べるかはもちろん、食べ物が身体に入るタイミングもとても大事。自分で自分を人体実験しているようなものだから、食事による身体の変化って、トレーニングしながらだとすごくよく分かりますよね。当時はアミノ酸系の飲み物など便利なものがなかったので、練習して30分以内にゆで卵を食べるとか、自分のなかで意識づけして実践していました。練習後に枯渇した状態で家に帰ってご飯を食べるより、練習後すぐに何かを摂ったほうが、全体的にリカバリーが早いですし、筋肉量にも影響していたと思います。

髙山　アーティスティックスイミングの選手は、ある程度脂肪も必要なのでしょうか？

奥野　当時はかなりの時間水に浮いていないといけなかったので、お腹まわりに浮き輪みたいに脂肪をつけるのがベストでした。今は足をキープさせず、さらにその動きが早くなってきているので、浮き続ける必要性が減ってきている。今の選手の方が体脂肪率は低くて、どちらかというとシャープな身体に絞るっていう感じに変わってきています。

髙山　お肉を食べられなかった奥野さんがその後食べられるようになったのは、やはり勝ちたかったからでしょうか？

奥野　一番大事なのはそのモチベーションだと思うんですよ。「この栄養バランスで食べなさい」って言われてもモチベーションが低いうちは「嫌なもんは嫌！」。モチベーションに火がついたら、つまり「強くなりたい」とさえ思えたら、「じゃあそのために何が必要か」って、自然になっていく気がしますね。

高山　河嶋先生の指導法はいかがですか？

河嶋　持久系は長時間運動してエネルギーも使っていくのでそれが不足しないように気をつけたり。貧血が出てくる子も多いので、鉄やビタミンCを摂らせるようにする。疲労骨折も結構多いので、そんな場合はカルシウムやビタミンD、K。瞬発系は、筋肉があって体重もある程度あったほうが瞬発的なパワー量が大きくなっていくので、筋量を高められるような栄養を摂るようになど心がけて指導しています。最近はたんぱく質一つとっても色んな研究がなされているんですよ。

同じたんぱく質の量でも夕食にドカ食いするのではなく、朝から均等に摂取した方が筋たんぱく質合成が高くなるという結果などが出ています。ただそれをいきなり全ての選手に伝えても実践できなかったりするので、その選手の状況に合わせて指導するようにしています。

高山　競技の特性だけでなく、そのアスリート個人の資質や性格に合った指導をしていらっしゃるところがすごいなと思います。

河嶋　例えば食が細い選手は、どうやってエネルギーの量を増やしていくかが課題です。口から食べ物を入れないと必要な栄養素が得られない。かといって無理にでも食べるように指導しても下痢や嘔吐をしてしまったら、結局栄養が身体から出ていってしまう。口に合う食事、合わない食事もあると思うので、どういったものがその選手に合ってるかを見極めるのは大事ですね。髙山さんの場合はいかがですか？

髙山　私は親元から離れた高校生の時から食生活が乱れ酷かったので、まずはその改善から行いました。実は私、1日1食生活を送っていた時期もあったんですよ。1日1食な上に、その1食が2、3パックをレンジでチンした舞茸だけだったり、キャベツだけだったり。欠食なうえに偏食だったんです。

河嶋　それはまた極端ですね、笑。

髙山　転機は大学4年生の時。寮を出てマンションで一人暮らしを始めることになり、完全自炊生活が始まったんです。時を同じくして日本代表選手として活動することになり、代表チームのメンバーと栄養管理の講習を受けたことが、私の中で食を見直すきっかけになりました。もちろん高校でも大学でも似たような授業や講義を受けていたはずなのですが、より専門的な話を聞いたことで、「競技者として今の自分ではいけない。つまり「目覚めた」のだと思います。先ほど奥野さんのモチベーションのお話を、「あの時の私の変化は、強くなりた

い！という意思やアスリートとしての自覚から来ていたのかな」と自分のことを振り返りながら聞いていました。

河嶋　どんなところから改善していきましたか？

髙山　最初に取り組んだのは欠食しないこと。多少偏食したとしても、とにかく3回にしっかり分けて食べることを意識し、その習慣ができ始めた頃から、なるべく自分で調理をして、苦手なものも少しずつ食べるように心掛け、少しずつ偏食を改善していきました。社会人になってからは、会社のサポートのもと、夕食は栄養士さんが考案した食事を提供してもらっていましたが、休みの時はなるべく自分で作るようにし、できることから取り組んでいました。より負担を少なく、無理なくバランスの良い食事を摂るために、時にはコンビニのお惣菜を活用してもいいと栄養士さんから教えて頂き、少し気が楽になったのを覚えています。苦手なものを無理して食べるのではなく、違うもので置き換える食事方法を教わったのもこの時期でした。

河嶋　身体の変化は見られましたか？

髙山　はい。欠食、偏食していた時は疲れやすく、次の日まで疲れが取れず残っていたのですが、食事の摂り方を改善していくうちに、疲労感が軽減されるようになりました。集中力も持続し、投球練習に十分に生かされたように思います。判断力にも良い影響があったと思います。

●オリンピック期間中、食行動で心がけていたことは？

太田 栄養士さんに教わり少しずつ知識がついてきてからは、「脂質を少なめで、タンパク質多めで、ビタミンとって」と自分でも栄養に対する感覚が身についてきました。基本自炊なので、オリンピック期間中も、自分で栄養や食事量を調整して減量していました。ナショナルトレーニングセンターのアスリートヴィレッジに行くと「mellon（メロン）」っていうシステムがあって便利でした。自分のカードを登録して、入力すると栄養バランスがすぐに出るんですよ。食べたものを写真に撮ると、ビタミンもたんぱく質も、摂取量がすぐわかり、しかも何が足りないから摂った方がいいというアドバイスまでくれるんです。

髙山 なるほど、便利になりましたねえ。ところで補食はどうでしたか？

太田 練習と練習の合間や、練習の後、ご飯までの時間が長いと摂ったりしていました。移動が多い時はエネルギーゼリーが多いですが、あとはバナナ、おにぎり。ちなみに僕、朝はギリギリまで寝ていたい派。でも体の中のエネルギーは枯渇させたくないので、ごはんに水かけて食べたりします。茶碗の上から水かけて、ガーって食べて、もぐもぐ噛んで（笑）。

寺内 飛込みはオリンピックの予選となると、50人くらいが順番に飛んでいくので1本飛んだら次に飛ぶまでに40分以上あいたりします。その間ずっとプールサイドに座っているのである意味とても過酷な状態。若い世代のアスリートは、ドリンクや補食を摂ったりする習慣があるんですが、私が若いころはそのような習慣がなかったので、5本目とか6本目になると、少しエネルギーが枯渇してしまっていた時もありました。でも、ルーティンを崩す方が怖かったりしたので、僕の場合はエネルギーが枯渇しないように朝食の摂り方を変えたりして対応していました。海外にはお米が無い国もあるので、お餅を持って行って代用したり。スーツケースの半分は食料でしたね。食料を持って行くのは、食べたいからというよりは、現地に行って気兼ねなく小腹が減った時に間食できるように、という意味あいが大きかったかな。前は栄養面に関してのサポート面が、今ほどよくなかったですからね。

高山　オリンピック期間中や大会中は、それぞれの試合に合ったタイミングで食事を摂るのは当たりまえのこと。ただ、ソフトボールはゲームによっては夜遅い時間帯に開始されたり、逆にすごく早朝だったりと、対戦によって時間帯がバラバラで、身体にも精神的にも、そしてもちろん内臓にも負担がかかりますよね。私の場合、食事は試合の3時間前までに、なるべく消化の良いものを摂るようにしていました。試合後は、ダウンしながらも100%オレンジジュースやグレープフルーツジュースを摂るようにし、食事まで時間がある時は、おにぎりやカステラを食べて、次の日に疲労を残さないように心掛けていました。

●オリンピック出場期間中の、食にまつわる印象深い出来事はありますか？

市橋　選手村の食事はバイキング形式だったから何でも食べてました。ただ、生野菜は気をつけていたかな。あと、選手村に入るときはカーボローディングする時期だから、パンやお米など、なるべく糖質を多めにとるように心掛けていました。そういえば韓国チームが選手村にキムチと炊飯器をもってきて食べていたのが印象的だったなぁ。

太田　リオの時は、ハイパフォーマンスセンターっていうのがあって、サウナや簡易プール、水風呂みたいなやつが置いてあったりしたんですが、そこでもごはん、フルーツ、野菜が食べられたので、体調のコントロールはしやすかったですね。

髙山　選手村も進化していますね。

太田　そうだと思います。選手村の食堂は、1日目、2日目くらいの本格的に減量に入る前と、競技が終わってからしか行きませんでした。

金村　私は北京大会だったんですが、選手村の食堂に北京ダックが出ていたので、そればっかり食べてました、笑。

髙山　選手村では、世界各国の食事がビュッフェスタイルで提供されていて、日本人シェフも数

名入っていました。完全な日本食ではないですが、日本食風の料理があり、今では世界各国どこでも食することができる豆腐も普通にありました。最近は発酵食品のキムチも見かけるようになりましたし、世界各国の、見るのも初めて、味も初めてという料理が並び、見ているだけでも楽しいです。世界中で有名なマクドナルドも食べ放題です。ただ、食べたいものを好きなだけ、色々な国のものを食べるわけにはいかないところが辛いところ。観光で行っているのだったらそれでも良いと思いますが、私たちは戦うために来ているので、体を壊したりするようなことがないように気をつけなければなりません。刺激的なものは目の保養だけで済ませたり、味見程度に抑えたり、体が拒否反応を起こさないよう気をつけながら、いかに普段食べている食事と同じようなものを上手くピックアップして食べ、体を維持していくかが、競技者としては重要なことだと思います。もちろんマクドナルドのハンバーガーを食べることだって、楽しく好きなものを食べるという意味では、時には必要だと思います。私も食べていました。そのマクドナルドでの出来事。出発前にチームみんなで食事していた時、ふと横を見るとアメリカの選手がフラッと座ってきました。見るとソフトボール競技の主砲、ブストス選手。彼女のトレイにはなんとマクドナルドのチーズバーガーが3個のみ。あっという間にバーガーを食べ、颯爽と食堂を後にしました。あのパワーの源はチーズバーガーなのか！　食文化の違いに驚いたことを今も鮮明に覚えています。

寺内　選手村内の食堂には必ずマクドナルドが入っていますよね。選手村に入った直後は、みんなが大会直前なので、列ができないんですが、日が経つにつれてマクドナルドに列ができていくんです。つまり、競技が終わったらみんなマクドナルドに直行するんですよね。ある時期からマクドナルドでサラダの上にチキンが乗っているものを提供してくれるようになったので、それが人気でサラダを取りにいく選手も増えました。

髙山　他に何かエピソードはありますか？

寺内　アトランタの時、イタリアのチームからきいたのですが、食堂のパスタがあまり美味しくなくて、急遽イタリアチームに帯同していたシェフが食堂に入ったと聞きました。みんな勝ちに来ているので、基本的に選手村はピリピリしているんですが、食堂の中だけはなぜかアットホーム。気が落ち着く空間でしたね。「食」ってそんな役割も担っているように思います。

●栄養とは別に、お守りがわりに開催地に持参した食べ物、験担ぎの意味で食べていたものはありますか？

髙山　私が好きなエピソードは斎藤さんのめだかの話。

齋藤　ああ、早く泳げるようになりたいからめだかを飲み込んだって話よね。

髙山　はい、究極の験担ぎだなあと思いまして。食べ物のエピソードに分類していいかはわからないのですが。それはいつのことですか？

齋藤　もうね。本当にちいちゃいときよ。5歳くらいかな？　近所の用水路で溺れかけたんですが、その後すぐに泳ぎに興味を持って。「めだかさんごめんなさいね。めだかさんみたいに泳ぎたいんです」って言いながら。まさかその後水泳でオリンピックに行くなんて、思いもしなかった時期。

奥野　私はお米かな。井村先生のおにぎりですね！　自分で握って持っていくこともありましたし。一口で食べられるサイズ、保育園児が食べるくらいの大きさのものです。海外に行けばパスタもあるし困ることはないんですが、でもやっぱりおにぎりがいいな。おにぎりを食べると落ち着きます。

髙山　オリンピックは夏の競技なので、海外に行く時は一時期、はちみつ梅干しを必ず持って行っていました。それと堅い醤油せんべい。海外にいると無性に醤油味の塩辛さと堅い歯ごたえとあの香ばしい感じが懐かしくなるんです。

寺内　現地のものが口に合わなくても、まずいと言ってはいけない。あるものを食べなさい。食事はその土地の文化だから、というコーチの教えは守っています。ただそれとは別に、シドニーからはとらやの羊羹、緑茶、急須を持って行くようになりました。どこに行っても普段と同じ雰囲気を作ることが大切だと思いまして。

金村　私は「すしのこ」と「ゆかり」です、笑。現地でお米を調達してご飯を炊いてかけてもいいし、野菜にかけてもいい。酸味があるので体調不良になっても食べられますし。

市橋　私は食パンを一斤食べていました。全世界中どこに行ってもパンはあるから現地で調達して。パンって体積あるじゃないですか。それを全部食べた達成感を感じてからレースに行っていました。レース前に食べながらストレッチしたり。

髙山　スライスしていない状態のパンを食べるんですか？

市橋　そうです。カットしてあると乾燥してパサパサしてしまうので。食パンがなければ水分多めのパンを見つけて食べていました。本当はバゲットみたいな堅いパンが好きだけど、ハード系のパンだとレース前に顎が疲れちゃうから。ごはんでもいいんでしょうけど、私の場合ごはんだとお腹を壊してしまう傾向があるので。

寺内　日本では試合前にカップ麺を食べてはいけないという風潮なのに、海外では食べてもいい空気になるのが面白いですよね。前に血液で栄養成分を分析してもらった時に、「大事な試合の時は塩分が相当足りないから、カップラーメンのスープだけでいいので飲んでください」と言われたことがありました。確かに飲んで試合に出た時は集中力が格段に違いました。

髙山　自分の競技と身体の特性に合ったものが見つけられるといいですよね。

●最後に、未来のトップアスリート候補に向けて、ご自身の体験を踏まえた食のアドバイスをお願いします。

齋藤　私の時代はあまり食のことはいろいろ言われなかったですね。その代わり、怪我しちゃだめ、病気しちゃだめとはよく言われました。競泳のタイムを上げなさい、もこれっぽっちも言われなかった。オリンピックの競技が終わった後、親善試合が多かった時代だから、国と国との親善目的という側面が大きかったのかもしれません。

髙山　そんな時代だったんですね。

齋藤　でもね。やっぱりスタート台に立ったら何もかも忘れてね。勝つために無心になって泳ぎましたよ。

岡本　私の場合、若い頃は何も考えずにスナック菓子1袋をぺろっと平げる日々でしたが、28歳のときに前十字靭帯を痛めてから変わりましたね。その時のトラウマでサプリメントにハマり、2000年のシドニーオリンピックが終わって、スペインに合宿に行った時なんて、大きなかばんの半分くらいはサプリでしたから。でも途中で「あれ？　何かしんどい」って気づいて。サプリに疲れたんじゃなくて、サプリを摂ってるからバッチリなはずなのに、身体が回復してないのに気づいたんです。それを境に、ちゃんと寝て、ちゃんと休憩って、ちゃんと食べもので栄養を摂る、というある意味普通のことに徹するようになりました。これからの人に伝えたいことは、大事なことはいろいろあるけど、一番大切なのってやっぱり楽しく仲間と食べる、感謝しながら食べる、ということかな。身体にいいものをちゃんと吸収できるかは、メンタルも作用します。命をありがたくいただく気持ちがあれば、自然にいい栄養素が身体に入っていくと思うんです。

奥野　私が子どもの頃から母がずっと呪文のように言っていたのが「ご飯は頭で食べなさい」でした。「ご飯は口で食べるもんなんやけど、頭で食べるもんなんやで」って。例えばほうれん草を食べたらあなたの血に鉄分が供給されて酸素の供給量が上がるとか。もちろん小さい頃はそんな難しいことは言わないですよ。でも「お肉を食べたら力になる、あなたの筋肉になる」「ごはんを食べるとパワーがつく」そういう単純なわかりやすい言葉で教えてくれていました。当時は「何言うとんねん」って感じだったんですけど、競技者として自分が強くなってくるとその意味がだんだん分かってきました。

髙山　ご自身もお子さんに同じように？

奥野　伝わっているかは分かりませんが、さり気なく陸上やってる息子の机の上にアスリートの食生活の本を置いておいたりとか（笑）。今は読んでいるかはわかりませんが、彼が本当に意識し出した時に手に取ると思うから、環境だけは整えていってあげたいと思っています。

髙山　お母様が作ってくれたものをお子さんにも作ってあげているのでしょうか？

奥野　時代が違うので全く同じではありません。今のお母さんって忙しいじゃないですか。専業主婦でバリバリやってるお母さんもしんどいとは思いますが、仕事しながら子育てするお母さんのバタバタ感ってなかなかだと思うんですよね。だからカレーとサラダだけになっちゃう日もありますし、いろんな日がありますけど、トータルバランスを見た時に大丈夫だったら私はいいと思っています。アスリートの親だからとか奥さんだからというのを考え始めると、ストレス溜まっちゃうから。一週間をトータルで見た時にバランスが取れてたらそれで　OKって考えるようにしています。あとは自分でちゃんと選びなさいって。

高山　「食選力」大事ですね。

奥野　ただね。それは本人が何を選べるようになるかって話なので、親がこれを与えて、これを食べなさいってやって強くなってもその選手は幸せじゃないと思うんですよ。将来私の手から絶対離れるわけで、どこかで離れた瞬間に「何食べていいか分からへん」ってことになるよりは、少しずつ自分で選びとる力をつけておいて欲しいな、と。すべて御膳立てして、「あなたは走るだけでいいです」「泳ぐだけでいいです」っていう環境にしてあげるのは、逆に選手にとっては不幸なことだと私は思っています。大学生になると一人暮らしの子も増えますよね。自分でご飯作れない子もいると思うけど、じゃあコンビニで何を選ぶのか、と。たまに私も「今日はお弁当作れないから買い弁して！」って子どもに言うんですけど、「あんた今日何買ったん？」って後でおさらいをするんです。で、「なんでそんな甘いパンと甘いパンいくん」「サラダいってゆで卵いっときいな」みたいな(笑)。同じお金の中でもどれを選ぶかって大事じゃないですか。

寺内　自分自身40を越えて、食事がのちの結果や翌日の練習に関わってくることが痛いほどわかるような年齢になりましたが、一番大切にして欲しいのは「食べたいものはしっかり食べる」かな。そこの線引きは自分で決めて欲しいんですが、「ラーメンはあまり食べないけど、肉が食べたい時に焼肉を我慢しない」とか。身体作りの前にまずは内面を健康にしてあげなければ、次の日の活力に影響してくると思うので。

ある栄養士さんから言われたんですが、選手って常に栄養管理されたものを食べたりしているわけではないですよね。コンビニ弁当だって食べたりしますし。それを「食べてはいけない」と制限するのではなく、「プラスして牛乳を250ml飲んでおこう」「オレンジジュースでビタミン200ml摂っておこう」っていう感じで、自己コントロールするための知識を身につけておけばいいんだと思うんです。

田中　基本的には3食バランスの良いものをとることですね。あとは痩せたいとか体を絞りたいと思うのなら、体を動かすことを考え、無理に食事を減らさない。食べているものは3ヶ月後、半年後の身体になる。私自身3ヶ月後のパフォーマンスに影響が出たことがありましたから。私は自分で考えて食事をして、自分の体が変わるのを感じて、食べることも楽しくなってきたんです。体の質が変わるから本当に面白い。

太田　何のために食べるかを考えて食事をしてほしい。僕も前は「別に何したっていいじゃん。勝ちゃあ」って思ってたんですよ。「食事なんて」ぐらいに思ってた時期もありました。でもそうじゃなくなってきたから。やっぱり、実際ちゃんとバランスのとれた食事をした方がパフォーマンスが高くなるし、低脂質で高タンパクな食事をした方が脂肪も削れていく。疲労回復するためには何を食べるかも意識し始めたら、僕の場合は成績がガッと上がってきたので。

金村　化粧品を肌に塗ることにリスクを感じる人っていると思うんですが、直接食べ物を口に入れるのはもっとリスキーなこと。明日の細胞を作っていく自分の身体のためにも、自分の身体のなかに入ってしまうものは自分の身体と相談しながら摂ってもらいたい。今の子どもの半数は107歳より長く生きると予想されている研究もあるので、長く見据えた生涯のためにも大切にしてもらいたいです。

高山　みなさん、いろいろお話してくださり、ありがとうございました。

6 章

オリンピック選手直伝！

目的別、機能アップする食べ物とその食べ方

5章でお話をお聞きしたオリンピアンの皆さんに、
ご自身の競技の特性を鑑みた、目的別のおすすめレシピを
ご紹介いただきました。

レシピページの材料は、一人暮らしや遠征時に役立つよう、1人前の分量としました。
ご家族と食べる時は、分量に人数をかけた上で、微調整をしてください。

Menu 1

瞬発力アップに効果的なメニュー

リオ五輪／レスリング
太田忍さんのおすすめ

海鮮そうめん

「そうめんで糖質、載せる魚介で低脂質たんぱく質が摂れる。
何より手軽なのがいいんです」

材料（1人分）

そうめん………100g
むきえび（ボイル済みのもの）
………4尾
まぐろ………30g
しらす………20g
絹豆腐………1/2丁
卵の黄身………1個分
おくら………1本
納豆………1パック
アボカド………60g
ブロッコリースーパー
スプラウト………5g
めんつゆ（だし醤油）
………適宜

作り方

1 そうめんを湯がいて水にさらす。
2 おくらは下茹でして小口切り。アボカド、まぐろはさいのめ切りにする。
3 水気を切ったそうめんを丼に入れ、その上にまぐろ、えび、しらす、おくら、アボカド、ブロッコリースーパースプラウトを色のバランスをみながらのせていく。
4 納豆をまぜ、豆腐をスプーンですくってのせる。
5 割った生卵から黄身だけを取り出し丼の真ん中にのせ、めんつゆをかけたら完成。

河嶋先生のコメント

「そうめんはゆでる時間が短く手軽に調理できますね。具材も火などを使う必要もなく、調理が苦手な人でもお家で作れそうですね。栄養面でみると、魚介類や大豆製品、卵と、たんぱく質を多く含む様々な食材が使われています。食品群によって、たんぱく質のアミノ酸のバランスは異なるため、様々な食材から摂取するのはいいですね。また、たんぱく質以外にも、まぐろの鉄、しらすのカルシウム、大豆製品のビタミンK、卵黄のビタミンDなど、アスリートにとって重要なビタミンやミネラルも摂ることができます」

Menu 2

瞬発力アップに効果的なメニュー

アトランタ、シドニー、アテネ、北京、リオ五輪／飛込

寺内 健さんのおすすめ

粕汁

炭水化物 33.6g
エネルギー 389kcal
カリウム 11.4mg
たんぱく質 22.7g
ビタミンB_1 0.3mg
脂質 13.6g

「試合前など、あまり調理や食事に時間が取れない時期には、汁物を摂ることが多いです。特に冬場はプールサイドも冷えますので、体を温めることが重要」

材料（1人分）

豚肉………30g
鮭（切り身・あら）
………35g（可食部）
れんこん………30g
にんじん………30g
たまねぎ………50g
だし昆布………5cm
水………250cc
酒粕………50g
みそ（合わせ）………小さじ2
みりん………小さじ2
塩………ひとつまみ

作り方

1 鍋に水とだし昆布を入れる。
2 鮭、豚肉は一口大に切り、れんこん、にんじん、たまねぎは食べやすい大きさに切る。
3 1.にやさい類を入れて中火にかけ、鮭、豚肉を入れる。
4 沸騰したら昆布をとり出しアクをとり、ふたをして中火で15分煮る。
5 酒粕をなめらかになるまで混ぜてながら加え、みそを溶き入れ、みりん、塩で味を調整したら完成。

河嶋先生のコメント

「温かい汁物は身体を内側から温めてくれます。鮭や豚肉には瞬発力をアップするために必要なたんぱく質、豚肉には瞬発力系の主要なエネルギー源となる糖質の代謝を助けるビタミンB_1が多く含まれています。屋内トレーニングが多い水泳選手は日光に浴びる機会が少なく特に冬場などは体内でのビタミンD産生量が少なくなる可能性が指摘されています。鮭などの魚類やきのこ類にはビタミンDが多く含まれているため、疲労骨折などの予防のためにも水泳競技では積極的に摂っていただきたいですね」

Menu 3

持久力アップに効果的なメニュー

私のおすすめ

豚肉のしょうが焼き

炭水化物 40.3g
エネルギー 484kcal
ビタミンB_1 0.8mg
たんぱく質 20.6g
ビタミンB_6 0.5mg
脂質 23.6g

「ソフトボールは持久力も瞬発力も求められる競技。
スタミナを蓄えるためによく作っているのがこの料理です」

材料（1人分）

豚のこま切肉………100g
たまねぎ………50g
きゃべつ………60g
片栗粉………適宜
ごま油………適宜
しょうが………大さじ1
しょうゆ………大さじ1
酒………大さじ1
みりん………大さじ1
はちみつ………大さじ1

作り方

1 豚肉に片栗粉をまぶしておく。
2 玉ねぎはくし切りにする。しょうがはすりおろしておく。
3 フライパンにごま油を入れ、豚肉、たまねぎの順に炒める。豚肉に火が入りたまねぎがしんなりしてきたら、しょうが、しょうゆ、酒、みりん、はちみつを加えて、なじんだら完成。
4 好みでキャベツの千切りを添えても。

河嶋先生のコメント

「持久系競技はエネルギー消費量が多く、次の日の練習のためにもいかに練習で使ったエネルギーや栄養素を補給していくがポイントとなります。豚肉に多く含まれているビタミンB_1は、エネルギーの産生に必要なビタミンのため、エネルギーの消費量が多くなると、その必要量も多くなります。また、たまねぎに含まれているアリシンはビタミンB_1の吸収を助ける働きがあるので、しょうが焼きは食材の組み合わせがピッタリな料理と言えます」

Menu 4

持久力アップに効果的なメニュー

シドニー五輪／女子マラソン

市橋有里さんのおすすめ

きのこのパスタ

炭水化物 86.4g	エネルギー 709kcal
食物繊維総量 9.8g	たんぱく質 18.1g
ビタミンD 2.9μg	脂質 32.7g

ソースを適量残した時

「好きなきのこを細かく刻んでにんにくとオリーブで炒めるだけ。唐辛子を加えてペペロンチーノ風にしたり、バジルを振りかけたりして楽しんでいます」

材料（1人分）

パスタ………100g

しいたけ………50g

しめじ………50g

まいたけ………50g

にんにく………2かけ

オリーブオイル

………大さじ3

塩、こしょう………少々

作り方

1 きのこをみじん切りにする（フードプロセッサーがなければ包丁で）。

2 オリーブオイルとにんにく（みじん切り）を入れたフライパンを火にかけ、きのこ類を入れ、まんべんなく混ぜながら炒める。

3 きのこ類がしっとりしてきたら、塩・こしょうをふり入れる。

4 沸騰したお湯1ℓに対して小さじ1の塩を入れてパスタを茹で、ソースと絡めたら完成。

河嶋先生のコメント

「持久系競技にとって糖質は重要なエネルギー源。特にマラソンなどの試合前はグリコーゲンローディングといって糖質の摂取量を増やし体内の筋グリコーゲン量を高め試合に臨みます。パスタはグリコーゲンローディングを行う際によく用いられる糖質を多く含む食材。きのこにはビタミンDが多く含まれ、陸上競技の中・長距離選手に多く見られる疲労骨折の予防のためにもカルシウムとともに摂取をおすすめしたい食材です。また、きのこには食物繊維が多く、腸内環境の改善や便秘の解消に役立つとされています」

Menu 5

持久力アップに効果的なメニュー

ヘルシンキ五輪／水泳

齋藤美佐子さんのおすすめ

肉じゃが

炭水化物 46.5g

エネルギー 471kcal

鉄 2.1mg

たんぱく質 12.7g

カリウム 1228mg

脂質 23.3g

煮汁を適量残した時

「肉、野菜をバランスよく摂れるので、現役アスリート時代はもちろん、それ以降も我が家の食卓によく並んだメニューから1品ご紹介します。

材料(1人分)

牛赤身薄切り肉………50g
じゃがいも………120g
にんじん………50g
たまねぎ………50g
だし昆布………5cm
水………250cc
油………大さじ1
A
酒………大さじ1
しょうゆ………大さじ1
砂糖………大さじ1
みりん………大さじ1

作り方

1 鍋にだし昆布と250ccの水を入れ中火でだしをとる。じゃがいも、にんじんは乱切り、たまねぎはくし切りにする。

2 別の鍋に油をひいて全ての野菜を炒め、野菜が透明になったらだしを入れる。沸騰したら、肉を広げながら入れる。アクをとり、落し蓋をして柔らかくなるまで(10分くらい)煮る。

3 Aの調味料をすべて入れて煮立たせ、お好みの濃さになったら完成。

河嶋先生のコメント

「水泳競技は、エネルギー消費量も多く、練習や試合で消費したエネルギーや糖質を補給する必要があります。じゃがいもには糖質が多く含まれ、主食以外での糖質の補給源になります。また、肉じゃがは砂糖やみりんなど甘味のある調味料からも糖質を摂取することができます。肉じゃがに使われるお肉は住む地域によって、豚肉や牛肉に分かれることがありますが、豚肉はビタミンB_1を多く含んでおり、牛肉には鉄が多いなど、それぞれ栄養学的特徴が少し異なるので、栄養状態によって使い分けてみてもいいかもしれませんね」

Menu 6

疲労回復に効果的なメニュー

バルセロナ五輪／アーティスティックスイミング

奥野史子さんのおすすめ

鶏むね肉のオレンジ煮

「疲れてきたら鶏肉、特に鶏のむね肉を使うようにしています。
ごまを入れるとなおよし！　あれば茹でブロッコリーを添えたりもします」

材料（1人分）

鶏むね肉………1枚（250g）
塩・こしょう………少々
片栗粉………小さじ2
みりん………小さじ1
しょうゆ………大さじ1
100% オレンジジュース
………大さじ3
砂糖………大さじ1
ごま………少々

作り方

1 鶏むね肉に塩・こしょうをして、食べやすい大きさに切る。
2 鶏むね肉に片栗粉をまぶし、弱火で茹でたら、ざるにあけて水気を切っておく。
3 みりん、しょうゆ、100% オレンジジュース、砂糖を混ぜて煮詰め、鶏むね肉を入れて和える。
4 ごまを入れてさらに和え、照りが出たら完成。
5 好みでブロッコリーを添えても。

河嶋先生のコメント

「鶏のむね肉は他のお肉と比べて脂肪が少ないため消化によく、練習で疲れて食欲が湧かない時や夏バテの際に向いている食材です。また、オレンジジュースで煮ることで、鶏肉のたんぱく質に加えて糖質も同時に摂取することができるので、筋グリコーゲンの回復や筋たんぱく質の合成に効果的です。また、オレンジジュースに多く含まれるビタミンCや、ごまに多く含まれるセサミンには抗酸化作用があると言われています」

Menu 7

疲労回復に効果的なメニュー

アテネ、北京五輪／カヌー

金村祐美子さんのおすすめ

関西風水炊き

炭水化物 27.3g
エネルギー 374kcal
カリウム 316mg
たんぱく質 30.6g
鉄 4.1mg
脂質 17.9g

「水と昆布で取った出汁で鶏肉と具材を煮込んで食べる「関西風水炊き」は、野菜がたくさん食べられるのが魅力。出汁をしっかり効かせるのがポイントです」

材料（1人分）

鶏手羽元………２本
はくさい………50g
長ねぎ………100g
にんじん………30g
えのき………50g
しいたけ………50g
焼き豆腐………1/2丁
だし昆布………5cm
水………500ml
ポン酢………適量
お好みの薬味………適量
塩………適宜

作り方

1 鶏手羽元は軽く塩をする。
2 はくさいはざく切り。長ねぎ、にんじんは斜め切り。えのきは根元を切り落として手でほぐし、しいたけは軸を切り落として飾り切り。焼き豆腐は角切りにする。
3 鍋に水と昆布を入れて火にかける。
4 鶏手羽元を入れて蓋をし、鶏肉に火が通るまで煮る。
5 にんじん、焼き豆腐、しいたけを入れて5分。はくさい、長ねぎ、えのきを加え3分煮たら完成。ポン酢とお好みの薬味を添える。

河嶋先生のコメント

「鍋は手軽にいろんな食材を摂ることができるので、一人暮らしのアスリートにもおすすめです。ポン酢を使って食べる水炊きなどはさっぱりしており、練習後疲れて食欲が湧かない時などにもピッタリです。鶏肉や豆腐は低カロリー・高たんぱく質のため、体重管理をしている時などにも効果的な食材です。また、豆腐には鉄やカルシウムといったアスリートに積極的に摂って欲しい栄養素が豊富に含まれています。また、きのこ類に多く含まれるビタミンDはカルシウムの吸収を助けるため、相性はバッチリです」

Menu 8

疲労回復に効果的なメニュー

私のおすすめ

わかめとじゃこの酢の物

炭水化物 13.5g
エネルギー 75kcal
ビタミンD 4.6μg
たんぱく質 4.6g
カリウム 245mg
脂質 0.3g

「ソフトボールは屋外スポーツ。炎天下での試合も多く終わった後はぐったりしてしまうので、試合後はさっぱりした酢の物をよく食べていました」

材料（1人分）

ちりめんじゃこ………10g
きゅうり………50g
乾燥わかめ（戻し）………15g
塩………適宜
酢………大さじ1
しょうゆ………大さじ1
砂糖………大さじ1
しょうが………適宜

作り方

1 きゅうりは小口切りにして塩もみをし、しんなりしたら水気をしぼる。
2 乾燥わかめは水でもどし、食べやすい大きさに切る。しょうがは、すり下ろしておく。
3 ボウルに酢、しょうゆ、砂糖、しょうがを入れてまぜ、きゅうり、わかめ、ちりめんじゃこを加えて馴染むまでまぜたら完成。

河嶋先生のコメント

「球技は消費するエネルギー量も多く、夏場は炎天下で動くため疲労が蓄積し水分も失われがちです。酢の物はさっぱりした味付けで、疲労・夏バテの際の食欲増進効果が期待できます。消費した分だけエネルギーを補給する必要があるため、食欲を高めることも重要となってきます。酢・レモンの酸味や唐辛子・カレー粉の辛味などを上手く使いながら、食欲が落ちがちな夏場を乗り切りたいですね。きゅうりやわかめは水分を多く含んでおり、練習や試合で失われた水分を補給する助けにもなります」

Menu 9
体調維持に効果的なメニュー

シドニー五輪／テコンドー
岡本依子さんのおすすめ

具だくさんのみそ汁

炭水化物 21.8g
エネルギー 109kcal
ビタミンA 618μg RAE
たんぱく質 5.5g
ビタミンK 142μg
脂質 1.2g

「手作りみそで作ったみそ汁が私の元気ごはん。具はできるだけ無農薬の旬な野菜を入れています。玄米との組み合わせがベスト」

材料（1人分）
きゃべつ………25g
こまつな………50g
にんじん………70g
長ねぎ………50g
しめじ………50g
だし昆布………5cm
水………250mℓ
みそ………小さじ2
みりん………適宜
酒………適宜

作り方
1. 鍋に水とだし昆布を入れておく。
2. きゃべつとこまつなはざく切り。にんじんは短冊切り。長ねぎは斜め切り。しめじは石づきをとり、小房に分けておく。
3. きゃべつ、こまつな、にんじん、しめじを1.の鍋に入れ、みそを溶かし入れる。
4. お好みでみりんや酒で調味したら完成。

河嶋先生のコメント

「みそ汁は運動で失われた水分やミネラルの補給もできますが、アスリートには具材の野菜や海藻、きのこ類などを摂取できるので、具だくさんにするのがおすすめ。今回のみそ汁だけで野菜を約200g、きのこを約50g摂取することができるのです。にんじんなどの緑黄色野菜にはビタミンAが多く含まれており、抗酸化作用や感染症予防などにも役立つとされています。小松菜などの野菜の葉の部分にはビタミンKが多く含まれます。ビタミンKは出血時の血液の凝固や骨の形成に関わっています」

Menu 10

体重コントロールに効果的なメニュー

ロンドン五輪／体操
田中理恵さんのおすすめ

納豆のレタス巻き

「和歌山で育ったので、何にでも梅干しを入れるのですが、
納豆と梅干しの組み合わせはおすすめです」

材料(1人分)

納豆………1パック
めかぶ………1パック
梅干し(はちみつ梅)
………1粒
大葉………2枚
みょうが………1個
たくあん(黄色くて甘いもの)
………40g
レタス………3～4枚
すりごま………少々

作り方

1 納豆とめかぶをパックから取り出し、ボウルに入れて軽く混ぜておく。
2 梅干しは、手で細かく千切るか、包丁で細かくたたいておく。
3 大葉、みょうが、たくあんは、千切りにする。
4 2.と3.を1.のボウルに入れ、納豆パックに入っているタレとすりごまを入れて、好みのネバネバ感が出るまで混ぜる。
5 のせやすい分量の4.をスプーンですくってレタスにのせ、巻いたら完成。

河嶋先生のコメント

「減量時にはエネルギーが少なく嵩の多い野菜や海藻、きのこを使い見た目や量で満足感を得るのがポイントのひとつ。こちらはエネルギーが130kcalと低カロリーながら満足感が得られやすいでしょう。納豆は低カロリー高たんぱく質でビタミンKや大豆イソフラボンを含んでおり、骨の健康も保ちます。ただし減量などにおいて過剰なエネルギー制限や長期間エネルギー不足の状態が続くと、パフォーマンスや健康面に悪影響を及ぼすため、管理栄養士などの専門家と相談しながら体重管理をするようにしましょう」

1年間の行動予定

月						
大きな目標						
シーズン						
トレーニングの目的						
栄養を摂る目的						
大会や試合の予定						

月						
大きな目標						
シーズン						
トレーニングの目的						
栄養を摂る目的						
大会や試合の予定						

本書で自身の競技特性に合った栄養素や摂るタイミングが把握できたら、自分だけの栄養管理ノートを作ってみましょう。ここから4ページ分は、何度でもコピーしてお使いください。

1ヶ月間の行動予定

年　　月　目標としているパフォーマンスピークまで　　ヶ月

今の時点の課題

	月	火	水	木	金	土	日
1 週目の課題							
練習・トレーニング・試合・大会の予定							
栄養摂取のポイント							
2 週目の課題							
練習・トレーニング・試合・大会の予定							
栄養摂取のポイント							
3 週目の課題							
練習・トレーニング・試合・大会の予定							
栄養摂取のポイント							
4 週目の課題							
練習・トレーニング・試合・大会の予定							
栄養摂取のポイント							
5 週目の課題							
練習・トレーニング・試合・大会の予定							
栄養摂取のポイント							

木	金	土	日
1 2 3 4 5	1 2 3 4 5	1 2 3 4 5	1 2 3 4 5
1 2 3 4 5	1 2 3 4 5	1 2 3 4 5	1 2 3 4 5
硬・普通・柔	硬・普通・柔	硬・普通・柔	硬・普通・柔

1週間の行動予定

月　　　週	月	火	水
練習内容			
トレーニング計画			
目標エネルギー量　kcal			
炭水化物量　g			
たんぱく質量　g			
意識する栄養素			
体重			
除脂肪体重			
体脂肪率			
脈拍			
前日の就寝時間			
起床時間			
自分が感じる疲労の度合い	1　2　3　4　5	1　2　3　4　5	1　2　3　4　5
食欲の度合い	1　2　3　4　5	1　2　3　4　5	1　2　3　4　5
便の状態	硬・普通・柔	硬・普通・柔	硬・普通・柔
朝食の時間と内容			
昼食の時間と内容			
夕食の時間と内容			
補食の時間と内容			

参考図書
スポーツ栄養学最新理論（寺田新／編著、市村出版／刊）2020
スポーツ栄養学化学の基礎から「なぜ？」（寺田新／著、東京大学出版会／刊）2017
市民からアスリートまでのスポーツ栄養学（岡村浩嗣／編著、八千代出版／刊）2011
体育・スポーツ指導者と学生のためのスポーツ栄養学（田口素子・樋口満／編著、市村出版／刊）2014
理論と実践スポーツ栄養学（鈴木志保子／著、日本文芸社／刊）2018
アスリートのためのスポーツ栄養学　栄養の基本と食事計画（柳沢香絵／監修、学研プラス／刊）2014
パフォーマンスを高めるためのアスリートの栄養学（清野隼・塚本咲翔／著、ナツメ社／刊）2018
栄養の基本がわかる図解辞典（中村丁次／監修、成美堂出版／刊）2015
日本人の食事摂取基準 2020 年版（伊藤貞嘉・佐々木敏／監修、第一出版／刊）2020
基礎科学イラストレイテッド基礎栄養学（田地陽一／編、羊土社／刊）2016
サクセス管理栄養士・栄養士養成講座基礎栄養学（鈴木和春・真鍋祐之・梶田泰孝／著、第一出版／刊）2019

著者／髙山樹里
監修者／河嶋伸久
デザイン／ohmae-d
イラスト／中里藍木
レシピページ写真／元田喜伸（産業編集センター）
編集／松本貴子（産業編集センター）

P73 と 98 太田忍選手写真　Ⓒ RIZIN FF

髙山樹里 Juri Takayama

1976 年、神奈川県横須賀市生まれ。
小学校１年からソフトボールを始める。名門・埼玉栄高等学校（埼玉）３年時には国体で優勝、その後、日本体育大学から㈱豊田自動織機と進み、共にエースとしてチームの勝利に貢献。また、数々の国際大会に出場し、アトランタ（4 位）、シドニー（銀）、アテネ（銅）と五輪３大会出場を果たす。得意のライズボールを武器に五輪通算８勝。2009 年７月日本ボブスレー・リュージュ・スケルトン連盟の要請でバンクーバー五輪出場を目指すもセレクションで落選。その後スケルトンに転向し冬季五輪を目指した。現在は車椅子ソフトボールの普及、各地でソフトボール教室を行う他、1000 名を超える女性オリンピアン有志で構成されるトータル・オリンピック・レディス会（TOL）の会長を務めている。

オリンピック選手直伝！
競技で結果を出す食事術
2021年 8月20日　第 1 刷発行

発行／株式会社産業編集センター
〒112-0011
東京都文京区千石４丁目 39 番 17 号
TEL 03-5395-6133　FAX 03-5395-5320

印刷・製本／萩原印刷株式会社

ISBN978-4-86311-308-4　C0075